일본어뱅크

최신 개정판

쉽게 말할 수 있는

NEW

스타일

이현진, 최윤정, 최성옥 지음

일본어

1

동양북스

쉽게 말할 수 있는
NEW 스타일

일본어 ①

개정1판 6쇄 | 2023년 9월 15일

지은이 | 이현진, 최윤정, 최성옥
발행인 | 김태웅
책임 편집 | 길혜진, 이선민
디자인 | 남은혜, 김지혜
마케팅 | 나재승
제　작 | 현대순

발행처 | (주)동양북스
등　록 | 제2014-000055호
주　소 | 서울시 마포구 동교로 22길 14 (04030)
구입 문의 | 전화 (02)337-1737 팩스 (02)334-6624
내용 문의 | 전화 (02)337-1762 dybooks2@gmail.com

ISBN 979-11-5768-550-9 14730
　　　979-11-5768-548-6 14730(전 2권)

이 도서의 국립중앙도서관 출판예정도서목록(CIP)은 서지정보유통지원시스템 홈페이지(http://seoji.go.kr)와
국가자료공동목록시스템(http://www.nl.go.kr/kolisnet)에서 이용하실 수 있습니다.
(CIP제어번호:CIP2019039161)

본 교재는 '최소한의 어휘, 문형으로, 최대한의 실질적 일본어 사용 능력을 육성하자' 는 것을 목표로 하고 있습니다.

일본어 학습자 중에는 일본어 학습에 많은 시간을 투자하며 JLPT N1 이상의 상급 일본어 능력을 목표로 하는 사람도 있지만, 짧은 기간에 효율적으로 일본어를 학습해야 하는 사람도 있습니다. 기존의 교재들은 대부분 전자의 학습을 염두에 두고 구성되어 있으며, 이는 많은 어휘 및 문형 제시, 듣기·작문·독해 등 다양한 학습 내용과 지면 할애로 알 수 있습니다. 하지만 제한된 시간에 일본어를 실제로 사용할 수 있도록 하기 위해서는 실생활에서 자주 쓰이는 어휘와 표현, 문형 학습을 바탕으로 한 기본에 충실한 구성이 가장 중요하다고 생각합니다.

그래서 본 교재는 다음 세 가지에 중점을 두고 만들었습니다.

- 실생활에서 자주 쓰이는 어휘, 문형을 엄선하여 학습자의 부담을 덜었습니다.
- 실제 회화에 가까운 자연스러운 회화를 익히기 위해 여러 상황에서의 간단한 회화를 실었습니다.
- 다른 보조 교재를 사용하지 않아도 원활한 수업 진행이 이루어질 수 있도록 다양한 연습과 활용 연습을 넣었습니다.

이 책을 통해 입문 단계에서 포기하지 않고 주저 없이 다음 단계로 나아갈 수 있는 자신감과 성취감을 경험하기를 바랍니다. 이 책을 다 끝내고 일본인과 자신 있게 대화를 나눌 수 있는 여러분이 되시길 진심으로 기원합니다.

저자 일동

학습 목표

각 과에서 학습할 핵심 내용을 제시했습니다. 본격적인 학습에 들어가기 전에, 학습 목표를 확실히 인지하여 각 과의 단어 및 문법 학습의 동기를 자극하고, 효율적 학습이 진행될 수 있도록 합시다.

새로운 어휘

이 과에 새로 나온 단어와 표현을 품사별, 의미별로 알기 쉽게 제시하였습니다. MP3 음성을 들으며 눈으로 확인하고, 직접 읽고 쓰면서 학습을 한다면 시각, 청각을 모두 이용한 효율적인 어휘 학습이 될 수 있을 것입니다.

문법 노트 (문법/문형)

핵심 문형을 알기 쉬운 설명과 다양한 예문, 패턴 연습과 함께 제시하였습니다. 학습한 내용은 그 즉시 연습을 해야만 자신의 것으로 만들 수 있습니다. 핵심 문형을 학습한 뒤 직접 쓰고 말하며 문형 연습을 해 봅시다.

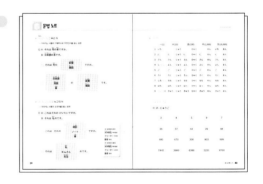

4

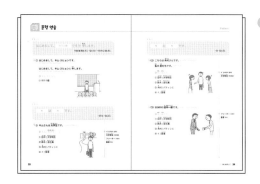

문형 연습

문법 노트에서 공부한 내용을 실제 상황에서 응용해 보며 연습할 수 있도록 다양한 패턴 연습을 제시하였습니다. 직접 쓰고 말하며 패턴 연습을 해 봅시다. 연습한 내용은 반드시 MP3 음성을 들으며 확인하고 말해 보세요. 그래야만 일본인을 만났을 때 자연스럽게 배운 표현들을 활용하여 대화할 수 있답니다.

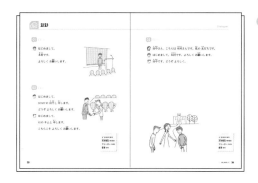

회화

지금까지 학습한 단어 및 문형이 실제 어떻게 사용되는지, 자연스러운 일본어 회화를 통해 확인해 봅시다. 더욱 높은 효과를 얻기 위해 문형, 어휘, 발음에 주의하면서 MP3 음성을 반복적으로 듣고, 따라 말해 봅시다.

연습 문제

지금까지 학습한 내용을 종합적으로 점검해 보며 실력을 확인하는 공간입니다. 자신이 갖고 있는 일본어 어휘, 문형 능력을 최대한 활용하여 다양한 일본어 표현을 만들어 봅시다.

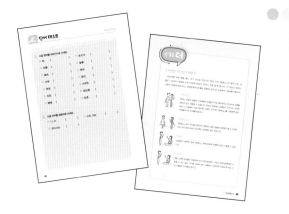

단어 테스트 & 한걸음 더

• 각 과에서 학습한 단어의 확실한 암기를 돕는 공간입니다. 핵심 단어만을 제시해 놓았으니, 철저히 암기합시다.

• 기본 단어나 문형 이외에, 실제 일본어를 사용할 때 필요한 사항과 문화에 대해 소개해 놓았습니다. 재미있게 읽고 이해하여 실제 일본어 사용에 도움이 되도록 합시다.

부록

01

문자와 발음 1

학습 목표
1. 히라가나를 쓰고 읽을 수 있다.
2. 청음, 탁음, 반탁음을 구분하여 발음할 수 있다.

ひらがな(히라가나)

일본어는 한국어와 어순이 같고 조사를 사용하며 문법에 유사한 점이 많아서, 한국인 학습자가 학습하기 용이한 언어이다. 일본어 문자는 히라가나(ひらがな), 가타카나(カタカナ), 한자를 혼용하여 표기한다.

▶ 청음

あ행

01-01

| あ [a] | い [i] | う [u] | え [e] | お [o] |

あい[ai] 사랑   いえ[ie] 집   うえ[ue] 위   え[e] 그림   おい[oi] 조카(남)

か행

01-02

| か [ka] | き [ki] | く [ku] | け [ke] | こ [ko] |

かお[kao] 얼굴   えき[eki] 역   くい[kui] 후회   いけ[ike] 연못   ここ[koko] 여기

※「か행」이 단어 중간이나 끝에 올 때는「ㄲ」의 발음에 가깝다.

さ행 🎧 01-03

| さ [sa] | し [shi] | す [su] | せ [se] | そ [so] |

さ し す せ そ さ し す せ そ
さ し す せ そ

あさ [asa] 아침   しお [shio] 소금   いす [isu] 의자   くせ [kuse] 버릇   うそ [uso] 거짓말

た행 🎧 01-04

| た [ta] | ち [chi] | つ [tsu] | て [te] | と [to] |

た ち つ て と た ち つ て と
た ち つ て と

たい [tai] 도미   ちち [chichi] 아버지   いつ [itsu] 언제   て [te] 손   とい [toi] 질문

※「た행」이 단어 중간이나 끝에 올 때는「た・て・と」는「ㄸ」,「ち・つ」는「ㅉ」에 가깝게 발음한다.

ひらがな (히라가나)

な행

な	に	ぬ	ね	の
[na]	[ni]	[nu]	[ne]	[no]

な に ぬ ね の な に ぬ ね の

な に ぬ ね の

なな [nana] 7　うに [uni] 성게　いぬ [inu] 개　あね [ane] 언니, 누나　つの [tsuno] 뿔

は행

は	ひ	ふ	へ	ほ
[ha]	[hi]	[fu]	[he]	[ho]

は ひ ふ へ ほ は ひ ふ へ ほ

は ひ ふ へ ほ

はな [hana] 꽃　ひと [hito] 사람　ふね [fune] 배　へそ [heso] 배꼽　ほし [hoshi] 별

ま행

ま	み	む	め	も
[ma]	[mi]	[mu]	[me]	[mo]

まえ[mae] 앞　　みせ[mise] 가게　　むね[mune] 가슴　　うめ[ume] 매실　　もも[momo] 복숭아

や행

や		ゆ		よ
[ya]		[yu]		[yo]

やま[yama] 산　　ゆめ[yume] 꿈　　よこ[yoko] 옆

ら행　01-09

| ら [ra] | り [ri] | る [ru] | れ [re] | ろ [ro] |

ら　り　る　れ　ろ　ら　り　る　れ　ろ

ら　り　る　れ　ろ

そら[sora] 하늘　のり[nori] 김　ひる[hiru] 낮　これ[kore] 이것　しろ[shiro] 흰색

わ행　01-10

わ [wa]

を [o]

わ　を　わ　を　わ　を

いわ[iwa] 바위　それを[soreo] 그것을　※「を」는 목적격조사 ~을/를로만 쓰이고 「あ행」의 「お」와 발음이 같다.

ん [n]　ん　ん　ん

※ 받침 역할을 하며, 뒤에 오는 글자에 따라 다르게 발음된다.

▶ 비슷해서 주의해야 할 글자

• 한 번씩 써 보세요.

ひらがな (히라가나)

あ행	あ [a]	い [i]	う [u]	え [e]	お [o]
か행	か k	き k	く k	け k	こ k
さ행	さ s	し sh	す s	せ s	そ s
た행	た t	ち ch	つ ts	て t	と t
な행	な n	に n	ぬ n	ね n	の n
は행	は h	ひ h	ふ f	へ h	ほ h
ま행	ま m	み m	む m	め m	も m
や행	や y		ゆ y		よ y
ら행	ら r	り r	る r	れ r	ろ r
わ행	わ w				を
	ん n				

🎧 01-11

が	ぎ	ぐ	げ	ご
[ga]	[gi]	[gu]	[ge]	[go]

が행

ざ	じ	ず	ぜ	ぞ
[za]	[ji]	[zu]	[ze]	[zo]

さ행

だ	ぢ	づ	で	ど
[da]	[ji]	[zu]	[de]	[do]

だ행

ば	び	ぶ	べ	ぼ
[ba]	[bi]	[bu]	[be]	[bo]

ば행

▶ 반탁음

🎧 01-12

ぱ	ぴ	ぷ	ぺ	ぽ
[pa]	[pi]	[pu]	[pe]	[po]

ぱ행

※ 단어 중간이나 끝에 올 때는 「ㅃ」에 가깝게 발음한다.

[a]	[i]	[u]	[e]	[o]
[ka]	[ki]	[ku]	[ke]	[ko]
[sa]	[shi]	[su]	[se]	[so]
[ta]	[chi]	[tsu]	[te]	[to]
[na]	[ni]	[nu]	[ne]	[no]
[ha]	[hi]	[fu]	[he]	[ho]
[ma]	[mi]	[mu]	[me]	[mo]
[ya]		[yu]		[yo]
[ra]	[ri]	[ru]	[re]	[ro]
[wa]				[o]
[n]				

02

문자와 발음 2

학습 목표 1. 요음, 촉음, 발음, 장음을 구분하여 발음할 수 있다.

2. 가타카나를 쓰고 읽을 수 있다.

ひらがな (히라가나)

▶ 요음 🎧 02-01

「い단(き・ぎ・し・じ・ち・に・ひ・び・ぴ・み・り)」 뒤에 「や・ゆ・よ」를 작게 써서 「i」모음을 빼고 한 음절로 발음한다.

きゃ [kya]

きゃ [kya]	きゅ [kyu]	きょ [kyo]
ぎゃ [gya]	ぎゅ [gyu]	ぎょ [gyo]
しゃ [sya]	しゅ [syu]	しょ [syo]
じゃ [jya]	じゅ [jyu]	じょ [jyo]
ちゃ [cya]	ちゅ [cyu]	ちょ [cyo]
にゃ [nya]	にゅ [nyu]	にょ [nyo]
ひゃ [hya]	ひゅ [hyu]	ひょ [hyo]
びゃ [bya]	びゅ [byu]	びょ [byo]
ぴゃ [pya]	ぴゅ [pyu]	ぴょ [pyo]
みゃ [mya]	みゅ [myu]	みょ [myo]
りゃ [rya]	りゅ [ryu]	りょ [ryo]

▶ 촉음 02-02

「つ」를 작게 써서 앞 글자의 받침(ㄱ・ㅅ・ㄷ・ㅂ)처럼 발음한다. 이때, 뒤에 오는 글자에
따라 발음이 달라진다.

つ + か행	[k] ㄱ받침	みっか [mikka] 3일 そっくり [sokkuri] 꼭 빼닮은 모양
つ + さ행	[s] ㅅ받침	けっせき [kesseki] 결석 ざっし [zasshi] 잡지
つ + た행	[t] ㄷ받침	いったい [ittai] 대체 まっちゃ [matcha] 말차
つ + ぱ행	[p] ㅂ받침	いっぱい [ippai] 한 잔 さっぽろ [sapporo] 삿포로

▶ 발음   🎧 02-03

「ん」은 앞 글자의 받침(ㅁ・ㄴ・ㅇ)처럼 발음한다. 이때, 뒤에 오는 글자에 따라 발음이 달라진다.

ん + **ま・ば・ぱ**행 [m] ㅁ받침	さ ん ま [samma] 꽁치 こ ん ぶ [kombu] 다시마 か ん ぱい [kampai] 건배
ん + **さ・ざ・た・だ・な・ら**행 [n] ㄴ받침	け ん さく [kensaku] 검색 ぎ ん ざ [ginza] 긴자 は ん たい [hantai] 반대 こ ん ど [kondo] 이번, 다음 あ ん ない [annai] 안내 べ ん り [benri] 편리
ん + **か・が**행 [ŋ] ㅇ받침	あ ん こ [aŋko] 팥소 ま ん が [maŋga] 만화
ん + **あ・や・わ**행 [N] ㅇ받침 ーん (끝에 올 때)	れ ん あい [reNai] 연애 ほ ん や [hoNya] 서점 で ん わ [deNwa] 전화 うど ん [udoN] 우동

▶ 장음

모음을 길게 발음한다.

あ단 + あ	[a:]	おばあさん [oba:san] 할머니 おかあさん [oka:san] 어머니
い단 + い	[i:]	おじいさん [ozi:san] 할아버지 おにいさん [oni:san] 오빠, 형
う단 + う	[u:]	じゆう [ziyu:] 자유 くうき [ku:ki] 공기
え단 + えい	[e:]	おねえさん [one:san] 언니, 누나 えいが [e:ga] 영화 けいたい [ke:tai] 휴대전화
お단 + おう	[o:]	こおり [ko:ri] 얼음 おはよう [ohayo:] 안녕 (아침 인사) どうぞ [do:zo] 부디, 어서 べんとう [bento:] 도시락

カタカナ(가타카나)

가타카나(**カタカナ**)는 주로 외래어, 외국의 인명·지명 등의 고유명사나 의성어, 의태어, 또는 강조하고 싶을 때 쓰인다.

▶ 청음

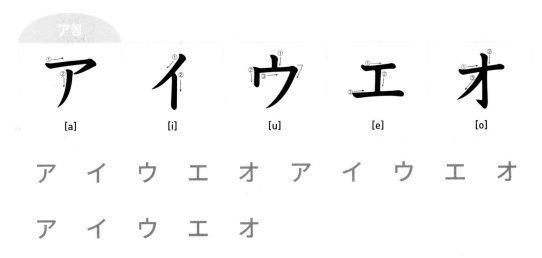

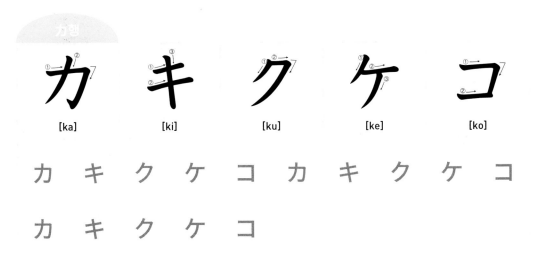

サ [sa]	シ [shi]	ス [su]	セ [se]	ソ [so]

サ	シ	ス	セ	ソ	サ	シ	ス	セ	ソ
サ	シ	ス	セ	ソ					

タ행

タ [ta]	チ [chi]	ツ [tsu]	テ [te]	ト [to]

タ	チ	ツ	テ	ト	タ	チ	ツ	テ	ト
タ	チ	ツ	テ	ト					

ナ행

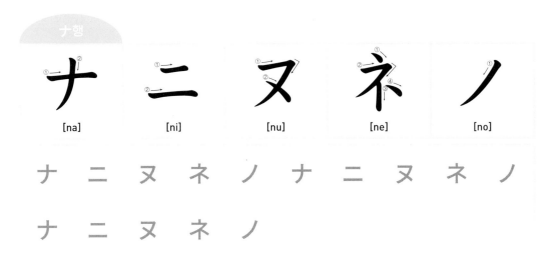

ナ	ニ	ヌ	ネ	ノ
[na]	[ni]	[nu]	[ne]	[no]

ナ ニ ヌ ネ ノ ナ ニ ヌ ネ ノ

ナ ニ ヌ ネ ノ

ハ행

ハ	ヒ	フ	ヘ	ホ
[ha]	[hi]	[fu]	[he]	[ho]

ハ ヒ フ ヘ ホ ハ ヒ フ ヘ ホ

ハ ヒ フ ヘ ホ

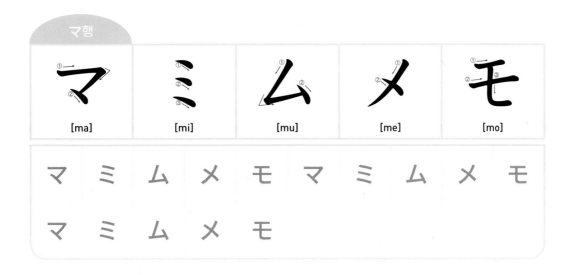

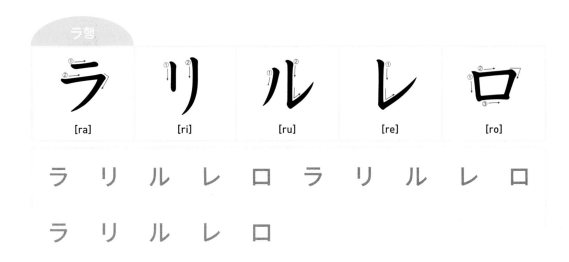

ラ リ ル レ ロ ラ リ ル レ ロ

ラ リ ル レ ロ

ワ ヲ ワ ヲ ワ ヲ

ン ン ン

▶ 비슷해서 주의해야 할 글자

• 한 번씩 써 보세요.

ウ u	ワ wa
ケ ke	チ chi
コ ko	ユ yu
シ shi	ツ tsu
ソ so	ン n
ス su	ヌ nu
ノ no	メ me
フ fu	ラ ra
ル ru	レ re

カタカナ（가타카나）

	ア단	イ단	ウ단	エ단	オ단
ア행	ア [a]	イ [i]	ウ [u]	エ [e]	オ [o]
カ행	カ [ka]	キ [ki]	ク [ku]	ケ [ke]	コ [ko]
サ행	サ [sa]	シ [shi]	ス [su]	セ [se]	ソ [so]
タ행	タ [ta]	チ [chi]	ツ [tsu]	テ [te]	ト [to]
ナ행	ナ [na]	ニ [ni]	ヌ [nu]	ネ [ne]	ノ [no]
ハ행	ハ [ha]	ヒ [hi]	フ [fu]	ヘ [he]	ホ [ho]
マ행	マ [ma]	ミ [mi]	ム [mu]	メ [me]	モ [mo]
ヤ행	ヤ [ya]		ユ [yu]		ヨ [yo]
ラ행	ラ [ra]	リ [ri]	ル [ru]	レ [re]	ロ [ro]
ワ행	ワ [wa]				ヲ [o]
	ン [n]				

▶ 가타카나로 표기하는 경우

· 외래어

バス (bus)

コーヒー (coffee)

※ 장음은 「ー」으로 표기한다.

スマートフォン (＝スマホ)
(smart phone)

※ 원음에 가깝게 표기하기 위하여 「ア・イ・
ウ・エ・オ」를 작게 붙여 쓰기도 한다.

· 외국의 고유명사

アメリカ (USA)

ソウル (Seoul)

マイケル・ジャクソン
(Michael Jackson)

※ 외국인 이름은 「・」으로 성과 이름을
구분하여 표기한다.

グーグル (google)

インスタグラム
(instagram)

スターバックス
(starbucks)

· 의성어·의태어

ワクワク
(두근두근, 울렁울렁)

ザーザー
(좍좍, 주르륵주르륵)

カタカナ (가타카나)

・강조할 때

「コレ、持_もってる 人_{ひと}多_{おお}いよね！オシャレ女子_{じょし}から 支持_{しじ}される バッグ ＆シューズ７選_{せん}」 이거, 갖고 있는 사람 많죠! 멋쟁이 여자들이 지지하는 백＆슈즈 7선

▶ 한국인 이름 표기 예

김수현	キム・スヒョン	소지섭	ソ・ジソブ
김연아	キム・ヨナ	손예진	ソン・イェジン
이동욱	イ・ドンウク	조인성	チョ・インソン
이병헌	イ・ビョンホン	장혁	チャン・ヒョク
박서준	パク・ソジュン	정해인	チョン・ヘイン
박민영	パク・ミニョン	최지우	チェ・ジウ

・자기 이름을 가타카나로 써 보세요.

→ _____

[a]	[i]	[u]	[e]	[o]
[ka]	[ki]	[ku]	[ke]	[ko]
[sa]	[shi]	[su]	[se]	[so]
[ta]	[chi]	[tsu]	[te]	[to]
[na]	[ni]	[nu]	[ne]	[no]
[ha]	[hi]	[fu]	[he]	[ho]
[ma]	[mi]	[mu]	[me]	[mo]
[ya]		[yu]		[yo]
[ra]	[ri]	[ru]	[re]	[ro]
[wa]				[o]
[n]				

03

はじめまして。

학습 목표
1. 일상적인 인사를 할 수 있다.
2. 처음 만난 사람과 인사를 나누고 간단하게 자기소개를 할 수 있다.

🎧 03-01

- 私 나, 저
- こちら 이쪽, 이분
- ~さん ~씨

- キム 김 (한국인의 성)
- イ 이 (한국인의 성)
- 木村 기무라 (일본인의 성)
- 鈴木 스즈키 (일본인의 성)
- 田中 다나카 (일본인의 성)

- 友だち 친구
- 先輩 선배
- 後輩 후배
- 彼氏 남자친구
- 彼女 그녀, 여자친구

- 大学 대학교
- 会社 회사

- 学生 학생
- 大学生 대학생
- 大学院生 대학원생
- 先生 선생님
- 会社員 회사원
- 社長 사장님
- 医者 의사

- パティシエ 파티시에

- ~は[wa] ~은/는
- ~の ~의

🎧 03-02

- はじめまして。 처음 뵙겠습니다. (처음 만났을 때 하는 인사)
- 자기 이름 + と 申します。 ~라고 합니다.
  * 비즈니스나 공식적인 자리에서 자신을 소개할 때에는 「~と 申します」를 사용하여 공손하게 말하는 것이 좋다.

- (どうぞ)よろしく お願いします。 (아무쪼록) 잘 부탁합니다.
  * どうぞ よろしく。 잘 부탁해.

- こちらこそ よろしく お願いします。 저야말로 잘 부탁합니다.

- おはようございます。 안녕하세요. (아침 인사)
  * 상대에 따라서는 「おはよう(안녕)」 정도만으로도 사용.

- こんにちは。 안녕하세요. (낮 인사)
  * 여기에서 「は」는 조사로 쓰였기 때문에 [wa]로 발음. [ha]로 발음하지 않도록 주의!

- こんばんは。 안녕하세요. (저녁 인사)
  * 「こんにちは」처럼 「は」는 [wa]로 발음.

▶ **N は N です** : N은/는 N입니다

명사(N)는 뒤에 「です」를 붙여서 공손하게 표현

私(わたし) 田中(たなか)さん	は	先生(せんせい) 大学生(だいがくせい) 会社員(かいしゃいん) 社長(しゃちょう)	です。

▶ **N の N** : N의 N

1. ~의 (소유)

私(わたし) 鈴木(すずき)さん	の	友(とも)だち 彼女(かのじょ) 彼氏(かれし) 先輩(せんぱい)

2. ~의 (소속)

SOMY 〇〇大学(だいがく)	の	田中(たなか) キム

~は ~은/는
私(わたし) 나, 저
田中(たなか) 다나카
    (일본인의 성)
~さん ~씨
先生(せんせい) 선생님
大学生(だいがくせい) 대학생
会社員(かいしゃいん) 회사원
社長(しゃちょう) 사장님
鈴木(すずき) 스즈키
    (일본인의 성)
友(とも)だち 친구
彼女(かのじょ) 그녀, 여자친구
彼氏(かれし) 남자친구
先輩(せんぱい) 선배

キム 김 (한국인의 성)

문형 연습

03-03

はじめまして。 （自己紹介 자기 이름） です/と 申^{もう}します。

처음 뵙겠습니다. ~입니다 / ~(이)라고 합니다.

예 はじめまして。キム・スヒョンです。
처음 뵙겠습니다. 김수현입니다.

はじめまして。キム・スヒョンと 申^{もう}します。
처음 뵙겠습니다. 김수현이라고 합니다.

예 キム・スヒョン

- 자기 이름

03-04

N は N です。

~은/는 ~입니다.

예 キムさんは 大学生^{だいがくせい}です。 김 씨는 대학생입니다.

예 キム / 大学生^{だいがくせい}

① 田中^{た なか} / 大学院生^{だいがくいんせい}

② 鈴木^{す ず き} / 会社員^{かいしゃいん}

③ 木村^{き むら} / パティシエ

④ イ / 医者^{い しゃ}

大学院生^{だいがくいんせい} 대학원생

パティシエ 파티시에

イ 이 (한국인의 성)

医者^{い しゃ} 의사

🎧 03-05

N の N です。

~의 ~입니다.

🔊 **예1** こちらは 木村さんです。 이 분(쪽)은 기무라 씨입니다.

私の 友だちです。 제 친구입니다.

예 私 / 友だち

① 大学 / 先輩
② 会社 / 後輩
③ 田中さん / 彼女
④ 私 / 彼氏

🔊 **예2** SOMYの 田中一郎です。 SOMY의 다나카 이치로입니다.

예 SOMY / 田中一郎

① IG / キム・スヒョン
② ふじ大学 / 鈴木連
③ 韓国大学 / 学生
④ YAHO / 社長

～の ~의

こちら 이쪽, 이분
木村 기무라
　　(일본인의 성)
大学 대학교
会社 회사
後輩 후배

韓国 한국
学生 학생

01 🎧 03-06

😊 はじめまして。

鈴木連《すず・きれん》です。

よろしく お願《ねが》いします。

02 🎧 03-07

😊 はじめまして。

SOMYの 田中一郎《たなかいちろう》と 申《もう》します。

どうぞ よろしく お願《ねが》いします。

😊 はじめまして。

IGの キム・スヒョンと 申《もう》します。

こちらこそ よろしく お願《ねが》いします。

03 🎧 03-08

田中さん、こちらは 鈴木さんです。 私の 友だちです。

はじめまして。 鈴木蓮です。 よろしく お願いします。

田中一郎です。 どうぞ よろしく。

1. 보기에서 적당한 말을 골라 ( ) 안에 넣으세요.

> と · の · は · お願いします

① 私 ( ) 田中一郎です。

② はじめまして。鈴木蓮 ( ) 申します。

③ よろしく ( )。

④ こちらは木村さんです。大学 ( ) 先輩です。

2. 다음 문장을 일본어로 작문하세요.

① 처음 뵙겠습니다.

→ _____

② 〇〇〇(자기 이름) 라고 합니다.

→ _____

③ 잘 부탁합니다.

→ _____

④ 제 친구입니다.

→ _____

5 안녕하세요. (아침 인사)

→ _____

6 안녕하세요. (점심 인사)

→ _____

7 안녕하세요. (저녁 인사)

→ _____

3. 처음 만나는 사람에게 자기소개를 하세요.

_____

_____

_____

_____

단어 테스트

Word test

1. 다음 한자를 히라가나로 쓰세요.

私 (   )   友だち (   )

先輩 (   )   後輩 (   )

彼氏 (   )   彼女 (   )

大学 (   )   会社 (   )

学生 (   )   大学生 (   )

先生 (   )   会社員 (   )

医者 (   )   社長 (   )

2. 다음 단어를 일본어로 쓰세요.

나, 저 (   )   이쪽, 이분 (   )

파티시에 (   )

다양한 1인칭 대명사

일본어를 처음 배울 때는 자기 자신을 가리키는 말로 주로 「わたし」만 배우는데, 실제로 드라마나 영화를 보면 다양한 말들이 있다는 것을 알게 됩니다. 이 말들은 말하는 사람의 성별에 따라 또는 상대방과의 관계와 상황에 따라 잘 구분해서 사용해야 합니다.

▶ わたし

말하는 사람의 성별이나 상대방과 관계없이 가장 일반적이고 무난하게 실례를 범하지 않고 사용할 수 있습니다. 여성의 경우에는 상대방이 친구이든 윗사람이든 다 사용해도 자연스럽지만, 남성의 경우에는 친구끼리 「わたし」를 사용하면 많이 어색해지므로 주의해야 합니다.

▶ わたくし

「わたし」보다 자신을 낮추어서 사용하는 말로 성별에 상관없이 쓸 수 있지만, 주로 격식 차린 자리나 공식적인 자리에서 많이 쓰입니다.

▶ ぼく

남성들만 사용하는 말로 「わたし」처럼 상대에 구애받지 않고 사용할 수 있습니다.

▶ おれ

「ぼく」처럼 남성들만 사용하며 아주 친한 동년배나 나보다 아랫사람에게만 사용할 수 있는 말로, 격식을 차려야 하는 상황에서 사용하면 무례하게 보일 수 있기 때문에 주의해야 합니다.

04

ひと
この 人は だれですか。

1. 명사문의 의문문과 부정문을 이해한다.
2. 숫자(0~10)를 사용하여 전화번호를 말할 수 있다.

새로운 어휘

🎧 04-01

- あなた　너, 당신
- この 人(ひと)　이 사람
- だれ　누구

- お国(くに)　(상대방의) 나라, 고향
- どちら　어디, 어느 쪽

- 韓国人(かんこくじん)　한국인
- 日本人(にほんじん)　일본인
- 中国人(ちゅうごくじん)　중국인

- 1年生(いちねんせい)　1학년
- 2年生(にねんせい)　2학년
- 3年生(さんねんせい)　3학년
- 4年生(よねんせい)　4학년

- けいたい　휴대전화
  * 携帯電話(けいたいでんわ)의 줄임말

- 何番(なんばん)　몇 번

- 名前(なまえ)　이름
  * お名前(なまえ)　성함

- 仕事(しごと)　일
  * お仕事(しごと)　'일(직업)'의 정중한 표현

- 何(なん)　무엇
  * 뒤에 오는 말에 따라 「なに」로 읽기도 함.

- 〜も　〜도

🎧 04-02

- じゃ　그럼, 「それじゃ」의 준말
- はい　네
- いいえ　아니요
- そうです。　그렇습니다.
- お名前(なまえ)は 何(なん)ですか。　성함이 어떻게 되세요?
- お仕事(しごと)は 何(なん)ですか。　직업이 어떻게 되세요?
- お国(くに)は どちらですか。　고향(국적)이 어떻게 되세요?

48

▶ Nですか : N입니까?

学生(がくせい)
だれ	ですか。
何年生(なんねんせい)

▶ Nでは(＝じゃ)ありません : N이/가 아닙니다

日本人(にほんじん)
大学生(だいがくせい)	では(＝じゃ)ありません。
会社員(かいしゃいん)

> だれ 누구
> 何年生(なんねんせい) 몇 학년
> 日本人(にほんじん) 일본인

▶ 숫자

1	いち	2	に	3	さん	4	し・よん・よ	5	ご
6	ろく	7	しち・なな	8	はち	9	きゅう・く	10	じゅう

* 전화번호를 말할 때는 4(よん), 7(なな), 9(きゅう)를 사용.

* 0 － ゼロ・れい・まる
  전화번호는 주로 「ゼロ」를 사용.

* 전화번호 ○○○－○○○○－○○○○의 「－」은 「の」라고 읽음.

✎ 전화번호 연습

🔊 010－234－5678 → ゼロいちゼロの にさんよんの ごろくななはち

① 010－5728－6943 ➡ _____

② 090－4362－8107 ➡ _____

③ 03－2680－4519 ➡ _____

④ 02－547－2863 ➡ _____

문형 연습

🎧 04-03

| N | は | N | ですか。 | ~은/는 ~입니까? |

🗣 예 **お名前は 何ですか。** 성함은 무엇입니까?

예 お名前 / 何

① お仕事 / 何　　　　　　　　② お国 / どちら

③ この 人 / だれ　　　　　　　④ あなた / 何年生

お名前 성함
何 무엇
お仕事 일, 직업
お国 나라, 고향
どちら 어디, 어느 쪽
この 人 이 사람
あなた 너, 당신

🎧 04-04

| N1 | は | N2 | ですか。 | ~은/는 ~입니까? |

はい、そうです。　　　　　　　　　　　　네, 그렇습니다.

いいえ、N2 じゃ ありません。N3 です。

아니요, ~이/가 아닙니다. ~입니다.

| 예 キム | ① 田中 | ② 鈴木 | ③ ワン | ④ イ |

韓国人 / 大学生　日本人 / パティシエ　日本人 / 医者　中国人 / 会社員　韓国人 / 先生

ワン 왕 (중국인의 성)
韓国人 한국인
中国人 중국인

✏ 예1 A：**キムさんは 韓国人ですか。** 김 씨는 한국인입니까?

B：**はい、そうです。** 네, 그렇습니다.

✏ 예2 A：**キムさんは 会社員ですか。** 김 씨는 회사원입니까?

B：**いいえ、会社員じゃ ありません。大学生です。**
아니요, 회사원이 아닙니다. 대학생입니다.

50

① A ： 田中さんは 大学生ですか。
<small>た なか</small>　<small>だいがくせい</small>

　 B ： _____

② A ： 鈴木さんは 医者ですか。
<small>す ず き</small>　<small>い しゃ</small>

　 B ： _____

③ A ： ワンさんは 中国人ですか。
<small>ちゅうごくじん</small>

　 B ： _____

④ A ： イさんは 会社員ですか。
<small>かいしゃいん</small>

　 B ： _____

🎧 04-05

けいたいは 何番ですか。 <small>なんばん</small>	휴대전화는 몇 번입니까?
○○○の ○○○○の ○○○○です。	○○○-○○○○-○○○○입니다.

✏️ 📱 010－7612－3885

A ： けいたいは 何番ですか。 휴대전화는 몇 번입니까?
<small>なんばん</small>

B ： ゼロいちゼロの ななろくいちにの さんはちはちごです。
010-7612-3885입니다.

① 080－4782－3095

　➜ _____ です。

② 090－2561－7234

　➜ _____ です。

けいたい 휴대전화
何番 몇 번
<small>なんばん</small>

🎧 04-06

お名前は 何ですか。

イ・ジアです。

お国は どちらですか。

韓国です。

イさんは 大学生ですか。

はい、大学 1年生です。

イ・ジア 이지아
(한국인의 이름)

韓国 한국

02 🎧 04-07

この 人は 鈴木さんの 友だちですか。

はい、そうです。

じゃ、この 人は だれですか。

木村さんです。

木村さんも 友だちですか。

いいえ、木村さんは 友だちじゃ ありません。

大学の 先輩です。

〜も 〜도

연습 문제

1. 다음 그림을 보고 대화를 완성하세요.

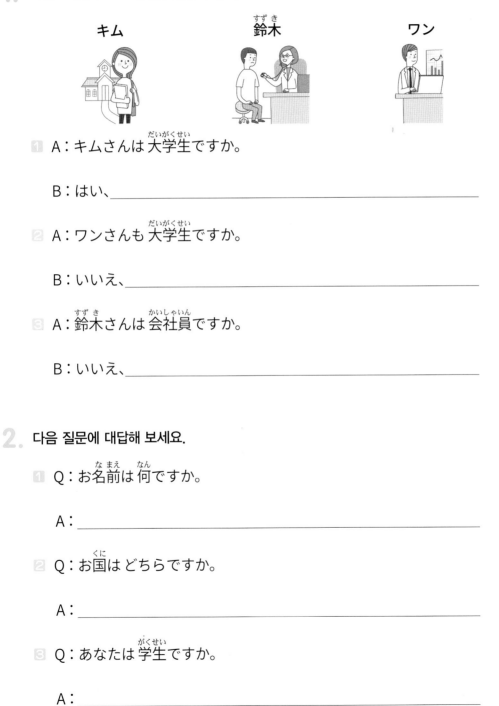

キム 　　　　鈴木^{すずき} 　　　　ワン

① A：キムさんは 大学生^{だいがくせい}ですか。

B：はい、_____

② A：ワンさんも 大学生^{だいがくせい}ですか。

B：いいえ、_____

③ A：鈴木^{すずき}さんは 会社員^{かいしゃいん}ですか。

B：いいえ、_____

2. 다음 질문에 대답해 보세요.

① Q：お名前^{なまえ}は 何^{なん}ですか。

A：_____

② Q：お国^{くに}は どちらですか。

A：_____

③ Q：あなたは 学生^{がくせい}ですか。

A：_____

④ Q : あなたは 何年生ですか。

A : _____

⑤ Q : あなたの けいたいは 何番ですか。

A : _____

3. 다음 문장을 일본어로 작문하세요.

① 이 사람은 누구입니까?

→ _____

② 이름은 무엇입니까?

→ _____

③ 저는 한국인입니다.

→ _____

④ 휴대전화는 몇 번입니까?

→ _____

⑤ 저는 중국인이 아닙니다.

→ _____

あなた 너, 당신

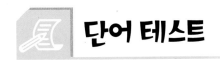

단어 테스트

1. 다음 한자를 히라가나로 쓰세요.

1 この 人 (　　　　　　　) 　2 お国 　(　　　　　　　)

3 韓国人 (　　　　　　　) 　4 日本人 (　　　　　　　)

5 中国人 (　　　　　　　) 　6 何番 　(　　　　　　　)

7 名前 　(　　　　　　　) 　8 仕事 　(　　　　　　　)

2. 다음 단어를 일본어로 쓰세요.

1 너, 당신 (　　　　　　　) 　2 이 사람 (　　　　　　　)

3 누구 　(　　　　　　　) 　4 아니요 (　　　　　　　)

5 휴대전화 (　　　　　　) 　6 네 　　(　　　　　　　)

7 어디, 어느 쪽
　　　　　　(　　　　　　　)

さん・君（くん）・ちゃん

일본어에서는 상대방을 부를 때 여러 가지 호칭이 사용되는데, 이때 상대방과의 관계나 친밀한 정도 등에 따라 구분해서 사용해야 합니다.

▶ さん

우리말로 '〜씨'에 해당하는 「さん」은 성별, 손윗사람, 손아랫사람과 관계없이 가장 무난하게 쓸 수 있는 호칭입니다. 일반적으로 별로 친하지 않은 사이이거나 격식을 차려야 하는 사이에서는 성(性)에 「さん」을 붙여서 부릅니다. 학교에서 같은 반 친구나 선배에게도 성(性)에 「さん」을 붙여 부르기도 하고, 상호나 회사명에도 사용됩니다.

▶ 君（くん）

우리말로 '〜군'에 해당하는 「君（くん）」은 주로 직위나 연배가 아래인 사람에게 사용하는 경우가 많은데, 회사에서 상사가 부하직원에게 또는 대학교에서 교수님이 학생에게 많이 사용합니다. 이럴 경우에는 남성에게만 사용하는 것이 아니라 성별과 관계없이 여직원이나 여학생에게도 사용합니다. 또, 상하 관계가 아닌 동년배끼리도 「君（くん）」을 붙여 사용하는데, 이런 경우에는 주로 남성에게만 붙여서 부릅니다.

▶ ちゃん

「ちゃん」은 아주 친한 사이가 아니면 잘 사용하지 않는데, 보통은 여자아이를 부를 때 많이 사용됩니다. 주로 여자친구들끼리, 또는 부모님이 아이에게 또는 형제끼리 이름을 부를 때, 이름 또는 이름의 일부를 줄여서 「ちゃん」을 붙여 부르는 경우가 많습니다. 또한 연인관계의 남녀가 서로의 애칭으로 이름에 「ちゃん」을 붙여 사용하기도 합니다.

05

コーヒーを 一つ ください。
ひと

학습 목표
1. 음식점에서 주문하고, 필요한 것을 부탁하는 표현을 익힌다.
2. 물건 및 사람을 세는 표현을 배운다.

새로운 어휘

05-01

- お水 물
- お茶 차
- コーヒー 커피
- コーラ 콜라
- ジュース 주스
- ビール 맥주

- ケーキ 케이크
- サラダ 샐러드
- セット 세트
- カレーライス 카레라이스
- ハンバーグ定食 햄버그스테이크 정식

- おしぼり 물수건
- コップ 컵

- いくつ 몇 개
- 何人 몇 명
- 何名様 몇 분
- お一人様 한 분

- 注文 주문
- 会計 계산

- メニュー 메뉴

- どうぞ 부디, 어서
- ええと 음 (생각할 때 쓰는 표현)

- ～を ～을/를
- ～が ～이/가
- ～と ～와/과
- 문말＋ね ～지요 (확인), ～군요 (동의)

05-02

- すみません。 여기요. (점원을 부를 때)
- N(を) ください/お願いします。 N (을/를) 주세요/부탁합니다.

  * 필요한 것을 부탁하거나 주문할 때 쓰이는 표현.
  * 계산(会計)이나 주문(注文) 등 '～해 주세요'의 의미로 사용될 경우(행위를 부탁하는 경우)는 「お願いします」만 쓴다.

- いらっしゃいませ。 어서 오십시오.
- 何名様ですか。 몇 분이십니까?
- こちらへ どうぞ。 이쪽으로 오십시오. (자리 안내)
- ご注文は。 주문은 (무엇으로 하시겠습니까)?

문법 노트

▶ 물건, 사람 세는 표현

一つ	ひとつ	한 개	一人	ひとり	한 명
二つ	ふたつ	두 개	二人	ふたり	두 명
三つ	みっつ	세 개	三人	さん にん	세 명
四つ	よっつ	네 개	四人	よにん	네 명
五つ	いつつ	다섯 개	五人	ご にん	다섯 명
六つ	むっつ	여섯 개	六人	ろく にん	여섯 명
七つ	ななつ	일곱 개	七人	しち/なな にん	일곱 명
八つ	やっつ	여덟 개	八人	はち にん	여덟 명
九つ	ここのつ	아홉 개	九人	きゅう にん	아홉 명
十	とお	열 개	十人	じゅう にん	열 명
	いくつ	몇 개	何人	なん にん	몇 명

 물건 개수, 사람 수 연습

1. 물건 개수 말하기

예

A : いくつですか。 몇 개입니까?

B : ひとつです。 한 개입니다.

① 　② 　③　④

2. 사람 수 말하기

예

A : <ruby>何人<rt>なんにん</rt></ruby>ですか。 몇 명입니까?

B : ひとりです。 한 명입니다.

① 　② 　③ 　④

いくつ 몇 개
<ruby>何人<rt>なんにん</rt></ruby> 몇 명

🎧 05-03

N (を) ください。

~을/를 주세요.

🔊 예 すみません。お水(を) ください。

예 お水

① コーヒー

② メニュー

③ お茶

④ コップ

~を ~을/를
お水 물
コーヒー 커피
メニュー 메뉴
お茶 차
コップ 컵

🎧 05-04

N (を) お願いします。

~을/를 부탁합니다.

🔊 예 すみません。会計(を) お願いします。

예 会計

① お水

② 注文

③ コップ

④ おしぼり

会計 계산

注文 주문

おしぼり 물수건

🎧 05-05

| N | と | N | をください/お願いします。 |

~와/과 ~을/를 주세요/부탁합니다.

🗣 예 A : ご注文は。↗

B : ハンバーグ定食と コーヒーを ください/お願いします。

예 ハンバーグ定食 / コーヒー

① Aセット / Bセット

② カレーライス / コーラ

③ ケーキ / ジュース

④ サラダ / お水

~と ~와/과, ~하고

ハンバーグ定食
햄버그스테이크 정식

セット 세트

カレーライス
카레라이스

コーラ 콜라

ケーキ 케이크

ジュース 주스

サラダ 샐러드

🎧 05-06

| N | を | 개수 | ください/お願いします。 |

~을/를 ~개 주세요/부탁합니다.

🗣 예 A : ご注文は。↗

B : ジュースを 三つ ください/お願いします。

예 ジュース / 三つ

① お水 / 四つ

② サラダ / 一つ

③ ビール / 五つ

④ コーヒー / 二つ

ビール 맥주

회화

<레스토랑에서>

① 손님이 두 명인 경우

😊 いらっしゃいませ。何名様ですか。

😊 二人です。

😊 こちらへ どうぞ。

😊 すみません。

😊 はい。ご注文は。↗

😊 ええと、私は、Aセット。

😊 はい。

😊 私は、Bセットを お願いします。

😊 Aセットが 一つ、Bセットが 一つですね。↗

😊 はい。

何名様 몇 분

どうぞ 부디, 어서

ええと 음

〜が 〜이/가

〜ね 〜지요 (확인↗)

64

02 🎧 05-08

② 손님이 한 명인 경우

👤 いらっしゃいませ。お一人様^{ひとり さま}ですか。

👤 はい。

👤 こちらへ どうぞ。

👤 すみません。

👤 はい。ご注文^{ちゅうもん}は。 ↗

👤 ハンバーグ定食^{ていしょく}と コーヒー ください。

👤 はい。

お一人様^{ひとり さま} 한 분

 **연습 문제**

1. ( ) 안에서 적당한 말을 고르세요.

1 コーヒー (が / を) 三つ お願いします。

2 ハンバーグ定食 (の / と) コーラ (を / は) ください。

3 A : (いくつ / 何人) ですか。

　　B : 一人です。

4 A : (いくつ / 何人) ですか。

　　B : 五つです。

5 お会計 (お願いします / ください)。

2. 다음의 상황에 알맞은 말을 넣으세요.

1 당신은 커피를 한 잔 마시고 싶어서 커피숍에 갔습니다.
　 점원이 다음과 같이 말합니다. 뭐라고 대답합니까?

 いらっしゃいませ。お一人様ですか。

 ご注文は。／

2 당신과 친구는 각각 카레라이스와 햄버그스테이크 정식을 먹고 싶어서 함께 레스토랑에 갔습니다. 점원이 다음과 같이 말합니다. 뭐라고 대답합니까?

Q1 いらっしゃいませ。何名様ですか。

Q2 ご注文は。╱

3. 다음 문장을 일본어로 작문하세요.

1 여기요. 물 좀 주세요.

→ _____

2 샐러드 하나 주세요.

→ _____

3 메뉴 부탁합니다.

→ _____

4 주문 좀 부탁합니다(주문 좀 받아 주세요).

→ _____

5 계산해 주세요.

→ _____

단어 테스트

1. 다음 한자를 히라가나로 쓰세요.

① お茶　　(　　　　　　　)　② お水　　(　　　　　　　)

③ 定食　　(　　　　　　　)　④ 何人　　(　　　　　　　)

⑤ 何名様　(　　　　　　　)　⑥ 注文　　(　　　　　　　)

⑦ 会計　　(　　　　　　　)

2. 다음 단어를 일본어로 쓰세요.

① 커피　　　(　　　　　　)　② 콜라　　(　　　　　　　)

③ 주스　　　(　　　　　　)　④ 맥주　　(　　　　　　　)

⑤ 케이크　　(　　　　　　)　⑥ 샐러드　(　　　　　　　)

⑦ 카레라이스(　　　　　　)　⑧ 물수건　(　　　　　　　)

⑨ 컵　　　　(　　　　　　)　⑩ 메뉴　　(　　　　　　　)

⑪ 부디, 어서 (　　　　　　)

どうぞ

　사전적 의미로는 '부디, 어서'라는 뜻이지만, 우리말 한 단어로 딱 맞아떨어지는 표현은 없습니다. 상대방에게 무언가를 권할 때 언제든지 사용할 수 있는 표현입니다.

　예를 들면, 식사를 시작하거나 차를 마실 때 상대방에게 '어서 드세요'라는 의미로 사용하거나, 엘리베이터나 차를 탈 때 '먼저 타세요'라는 의미로 사용합니다. 또한, 문을 열고 상대방에게 먼저 들어가도록 권하거나, 자리를 안내하거나 앉도록 권할 때 등 여러 상황에서 자주 쓰이는 표현입니다.

06

この バッグは いくらですか。

1. 가게에서 물건을 사고 계산할 수 있다.
2. 일본어로 숫자(10~10,000), 사물을 가리키는 표현
(こ・そ・あ・ど)을 말할 수 있다.

🎧 06-01

- 車 자동차
- 時計 시계
- 本 책
- 雑誌 잡지
- 新聞 신문
- バッグ 백, 가방
- ペン 펜
- ノート 노트

- 日本語 일본어
- 英語 영어

- お好み焼き 오코노미야키
- おでん 오뎅
- たこ焼き 타코야키
- なっとう 낫토 (일본의 콩 발효식품)
- ラーメン 라면

- いくら 얼마
- (ご)一緒 함께 함

- 何の N 무슨 N
  * 何の 本 무슨 책

- (사람)の ~의 것
  * 私の 나의 것

🎧 06-02

- Nは 何ですか。 N은/는 무엇입니까?
- いくらですか。 얼마입니까?
- (가격)に なります。 (가격)입니다. (정중한 표현)
- お会計は ご一緒ですか。 함께 계산하시겠습니까?
- べつべつに お願いします。 따로따로 계산해 주세요.

▶ こ・そ・あ・ど (1)

こ		そ		あ		ど	
この(ペン)	これ	その(ペン)	それ	あの(ペン)	あれ	どの(ペン)	どれ
이(펜)	이것	그(펜)	그것	저(펜)	저것	어느(펜)	어느 것

예1 これは 本です。 이것은 책입니다.

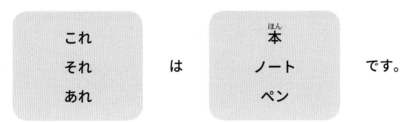

これ
それ   は   本 / ノート / ペン   です。
あれ

예2 この 本は いくらですか。 이 책은 얼마입니까?

この
その   本 / ノート / ペン   は いくらですか。
あの

ペン 펜
本 책
ノート 노트
いくら 얼마

문법 노트

▶ 何の N : 무슨 N

가리키는 사물이 구체적으로 무엇인지를 묻는 표현

📘 A : それは 何の 本ですか。 그것은 무슨 책입니까?

B : 日本語の 本です。 일본어 책입니다.

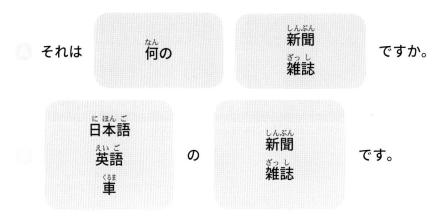

▶ だれの N : 누구의 N

가리키는 사물의 소유자를 묻는 표현

📘 A : これは だれの けいたいですか。 이것은 누구의 휴대전화입니까?

B : それは 私のです。 그것은 제 것입니다.

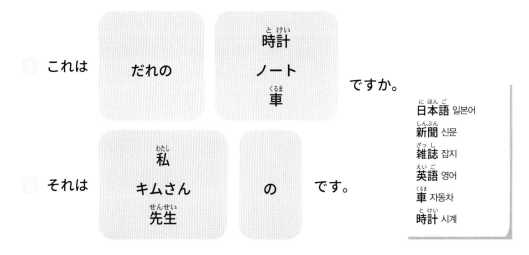

日本語 일본어
新聞 신문
雑誌 잡지
英語 영어
車 자동차
時計 시계

▶ 숫자

	一(1)	十(10)		百(100)		千(1,000)		万(10,000)	
1	いち		じゅう		ひゃく		せん	いち	まん
2	に	に	じゅう	に	ひゃく	に	せん	に	まん
3	さん	さん	じゅう	さん	びゃく	さん	ぜん	さん	まん
4	よん	よん	じゅう	よん	ひゃく	よん	せん	よん	まん
5	ご	ご	じゅう	ご	ひゃく	ご	せん	ご	まん
6	ろく	ろく	じゅう	ろっ	ぴゃく	ろく	せん	ろく	まん
7	なな	なな	じゅう	なな	ひゃく	なな	せん	なな	まん
8	はち	はち	じゅう	はっ	ぴゃく	はっ	せん	はち	まん
9	きゅう	きゅう	じゅう	きゅう	ひゃく	きゅう	せん	きゅう	まん

🔊 숫자 연습

🔊 15 → じゅうご

3	8	5	9	7
36	57	64	29	88
480	670	300	803	999
1945	3600	6386	5231	8700

문형 연습

> これ/それ/あれ　は 何^{なん}ですか。　　　[이것/그것/저것]은/는 무엇입니까?
>
> これ/それ/あれ　は　　N　　です。　　　[이것/그것/저것]은/는 ~입니다.

例 A : これは 何^{なん}ですか。 이것은 무엇입니까?

　B : それは おでんです。 그것은 오뎅입니다.

① A : ＿＿＿＿＿＿＿は 何^{なん}ですか。

　 B : ＿＿＿＿＿＿は＿＿＿＿＿＿＿＿＿＿＿です。

② A : ＿＿＿＿＿＿＿は 何^{なん}ですか。

　 B : ＿＿＿＿＿＿は＿＿＿＿＿＿＿＿＿＿＿です。

③ A : ＿＿＿＿＿＿＿は 何^{なん}ですか。

　 B : ＿＿＿＿＿＿は＿＿＿＿＿＿＿＿＿＿＿です。

④ A : ＿＿＿＿＿＿＿は 何^{なん}ですか。

　 B : ＿＿＿＿＿＿は＿＿＿＿＿＿＿＿＿＿＿です。

おでん 오뎅

たこ焼^やき 타코야키

お好^{この}み焼^やき
오코노미야키

なっとう 낫토

ラーメン 라면

06-04

この/その/あの　　　N　　　は いくらですか。

[이/그/저]은/는 얼마입니까?

가격　　円です。

~엔입니다.

✏️ 📷 A : この おでんは いくらですか。 이 오뎅은 얼마입니까?

B : ごひゃく円です。 500엔입니다.

① A : _____ は いくらですか。

　 B : _____円です。

② A : _____ は いくらですか。

　 B : _____円です。

③ A : _____ は いくらですか。

　 B : _____円です。

④ A : _____ は いくらですか。

　 B : _____円です。

회화

01 🎧 06-05

<백화점에서>

🙂 この バッグは いくらですか。

🙂 <ruby>19,800<rt>いちまんきゅうせんはっぴゃくえん</rt></ruby>円です。

🙂 じゃ、それは。 ↗

🙂 <ruby>23,000<rt>にまんさんぜん えん</rt></ruby>円です。

🙂 じゃ、これを ください。

02 🎧 06-06

<레스토랑에서>

① 같이 계산하는 경우

🙂 (계산대에 계산서를 내려 놓으며) お<ruby>願<rt>ねが</rt></ruby>いします。

🙂 はい。お<ruby>会計<rt>かいけい</rt></ruby>は ご<ruby>一緒<rt>いっしょ</rt></ruby>ですか。

🙂 はい。

🙂 <ruby>2,000<rt>にせん えん</rt></ruby>円に なります。

🙂 (돈을 건네며) はい。

バッグ 백, 가방

(ご)<ruby>一緒<rt>いっしょ</rt></ruby> 함께 함

06-07

② 각자 계산하는 경우

(계산대에 계산서를 내려 놓으며) お願いします。

はい。お会計は ご一緒ですか。

いいえ、べつべつに お願いします。

はい。

ぼくは、カレーライスです。

800円に なります。

(돈을 건네며) はい。

ぼくは、ハンバーグ定食です。

ええと、1,200円に なります。

(돈을 건네며) はい。

1. ( ) 안에서 적당한 말을 골라 대화를 완성하세요.

① A : これは何ですか。

B : (それ / あれ) は新聞です。

② A : それは何の辞書ですか。

B : (英語 / 私) の辞書です。

③ A : キムさんの ペンは (だれ / どれ) ですか。

B : これです。

④ A : それは だれの ノートですか。

B : (私 / 私の) です。

⑤ A : これは (何 / いくら) ですか。

B : 10,000円です。

2. 다음 상황에 알맞은 말을 넣으세요.

* 당신은 친구와 카페에서 커피를 마셨습니다. 계산은 각자 하려고 합니다.

① 계산대에서 뭐라고 말합니까?

→ _____

② 점원이 다음과 같이 말합니다. 뭐라고 대답합니까?

お会計は ご一緒ですか。

→ _____

③ 계산을 위해, 자신이 먹은 것(커피)을 점원에게 이야기해 보세요.

→ _____

3. 다음 문장을 일본어로 작문하세요.

① 그것은 무슨 책입니까?

→ _____

② 영어 신문입니다.

→ _____

③ 이 시계는 누구의 것입니까?

→ _____

④ 선생님의 것입니다.

→ _____

⑤ 그럼, 이것을 주세요.

→ _____

1. 다음 한자를 히라가나로 쓰세요.

1 車　　(　　　　　　　　) 　2 時計　(　　　　　　　　)

3 本　　(　　　　　　　　) 　4 雑誌　(　　　　　　　　)

5 新聞　(　　　　　　　　) 　6 日本語 (　　　　　　　　)

7 英語　(　　　　　　　　) 　8 一緒　(　　　　　　　　)

2. 다음 단어를 일본어로 쓰세요.

1 백/가방 (　　　　　　　　) 　2 펜　　(　　　　　　　　)

3 노트　(　　　　　　　　) 　4 오뎅　(　　　　　　　　)

5 낫토　(　　　　　　　　) 　6 라면　(　　　　　　　　)

7 얼마　(　　　　　　　　)

円

　일본의 화폐는 '엔(円)'으로 지폐는 4종류(10,000엔 · 5,000엔 · 2,000엔 · 1,000엔), 동전은 6종류(500엔 · 100엔 · 50엔 · 10엔 · 5엔 · 1엔)가 있습니다. 그중 2,000엔짜리 지폐는 밀레니엄을 기념해서 나왔지만 그리 많이 유통되지는 않고 있으며, 동전은 종류가 많기 때문에 남성들도 동전 지갑을 가지고 다니는 사람이 많습니다.

　일본에서 물건을 살 때 소비세가 포함된 가격도 있지만, 포함되어 있지 않은 가격도 많아서, 지불할 때 물건 가격에 소비세 10%(2019년 10월부터)가 추가되는 경우가 많습니다.

07

この 近<ruby>ちか</ruby>くに コンビニは ありますか。

학습 목표 　1. 물건이나 사람의 소재를 표현할 수 있다.
　　　　　　2. 장소를 묻고 대답할 수 있다.

새로운 어휘

🎧 07-01

- 今 지금
- 猫 고양이
- 犬 개

- 花 꽃
- 電話 전화
- パソコン PC, 컴퓨터
  - * ノートパソコン 노트북컴퓨터
- つくえ 책상
- いす 의자
- コインロッカー 코인로커
- ＡＴＭ 현금 자동 입출금기

- 家 집
- 部屋 방

- トイレ 화장실
  - * お手洗い 화장실
- 学校 학교
- 公園 공원
- 銀行 은행
- コンビニ 편의점
- デパート 백화점
- 本屋 서점
- ホテル 호텔
- 駐車場 주차장
- 駅 역
- バス停 버스정류상

- 장소+に ~에
- 문말+よ ~이에요 (처음, 강하게 주장)

🎧 07-02

- ええ。 네.
- すみません。 저기요. (모르는 사람에게 말을 걸 때)
  - * 여기요 (점원을 부를 때) – 5과 참조
- ありがとうございます。 감사합니다.
- もう 一度 お願いします。 한 번 더 부탁합니다.
  - * 한 번 더 말씀해 주세요. (상대방의 말을 잘 못 알아들었을 때)
- わかりました。 알았습니다/알겠습니다.
- 今 電話 大丈夫ですか。 지금 전화 괜찮습니까?
  - * もしもし。 여보세요.

문법 노트

▶ 존재표현

	있습니다	없습니다
사물・식물	あります	ありません
사람・동물	います	いません

▶ こ・そ・あ・ど (2)

| ここ 여기 | そこ 거기 | あそこ 저기 | どこ 어디 |

▶ 위치명사

上 위   下 아래   前 앞   後ろ 뒤

中 안,속   外 밖   横 옆   隣 옆,곁   近く 근처

07-03

장소 に 사물·식물 が あります。

사람·동물 が います。

~에 ~이/가 있습니다.

예1 コンビニに 雑誌が あります。 편의점에 잡지가 있습니다.

예2 日本に 友だちが います。 일본에 친구가 있습니다.

コンビニ 편의점

(장소)に ~에

예 ① コンビニ / 雑誌　② 日本 / 友だち

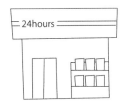

① 家 / 猫　② トイレ / 花

家 집

猫 고양이

トイレ 화장실

花 꽃

③ 部屋 / パソコン　④ 駅 / コインロッカー

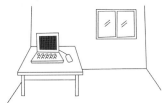
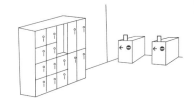

部屋 방

パソコン PC, 컴퓨터

駅 역

コインロッカー

코인로커

🎧 07-04

장소·사물 の 위치명사 に あります/います。

~(의) ~에 있습니다.

🔊 **예1** つくえの 上に あります。 책상 위에 있습니다.

🔊 **예2** 学校の 前に います。 학교 앞에 있습니다.

예 ① つくえ / 上

② 学校 / 前

① いす / 下

② バッグ / 中

③ 銀行 / 隣

④ 田中先生 / 後ろ

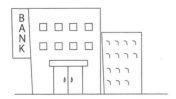

田中

つくえ 책상
上 위
学校 학교
前 앞

いす 의자
下 밑, 아래
バッグ 가방, 백
中 안, 속

銀行 은행
隣 옆, 곁
後ろ 뒤

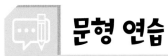

문형 연습

🎧 07-05

この 近^{ちか}くに 　　N　　 は ありませんか。

이 근처에 ~은/는 없습니까?

🗨 **この 近^{ちか}くに ホテルは ありませんか。** 이 근처에 호텔은 없습니까?

近^{ちか}く 근처

ホテル 호텔

ホテル

① コインロッカー

② コンビニ

24hours

③ 本屋^{ほん や}

BOOK

本屋^{ほん や} 서점

④ 駅^{えき}

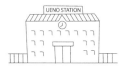
UENO STATION

🎧 07-06

　　N　　 は どこに ありますか/いますか。 ~은/는 어디에 있습니까?

(= 　　N　　 は どこですか。) (= ~은/는 어디입니까?)

　　장소　　 に あります/います。 ~에 있습니다.

(= 　장소　 です。) (= ~입니다.)

A：トイレは どこに ありますか。 화장실은 어디에 있습니까?

B：あそこに あります。 저기에 있습니다.

例 トイレ/あそこ

① 雑誌/新聞の 横

② 駐車場/駅の 前

③ 本屋/銀行の 隣

④ ATM/コンビニの 中

横 옆, 곁
駐車場 주차장

ATM
현금 자동 입출금기

A：今、どこに いますか。 지금 어디에 있습니까?

B：公園に います。 공원에 있습니다.

例 公園

① 家

② 会社

③ 学校の 近く

④ 車の 中

今 지금
公園 공원

회화

😊 すみません。

😊 はい。

😊 あの、トイレは どこですか。

😊 あそこですよ。

😊 ありがとうございます。

😊 はい、田中です。

😊 田中さん、こんにちは。今 電話 大丈夫ですか。

😊 はい、大丈夫です。

😊 今、どこに いますか。

😊 本屋に います。

〜よ 〜이에요
電話 전화

03 🎧 07-09

あの、すみません。

はい。

この 近<ちか>くに コインロッカーは ありますか。

コインロッカーですか。

ええ。

駅<えき>の 中<なか>に ありますよ。

すみません。もう 一度<いちど> お願<ねが>いします。

駅<えき>の 中<なか>に ありますよ。

ああ、わかりました。ありがとうございます。

1. 다음 그림을 보고 대화를 완성하세요.

예 Q : 犬は どこに いますか。

A : 公園の 中に います。

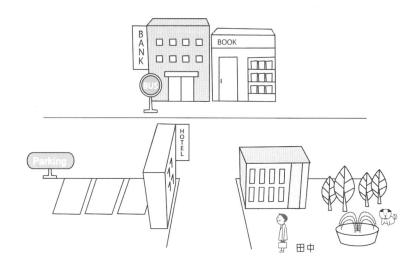

① Q : 駐車場は どこに ありますか。

A : ＿＿＿＿＿＿＿＿＿＿＿＿＿＿＿＿＿＿＿＿＿

② Q : バス停は どこに ありますか。

A : ＿＿＿＿＿＿＿＿＿＿＿＿＿＿＿＿＿＿＿＿＿

③ Q : 銀行は どこに ありますか。

A : ＿＿＿＿＿＿＿＿＿＿＿＿＿＿＿＿＿＿＿＿＿

④ Q : 田中さんは どこに いますか。

A : ＿＿＿＿＿＿＿＿＿＿＿＿＿＿＿＿＿＿＿＿＿

犬 개
バス停 버스정류장
デパート 백화점

2. 다음 문장을 일본어로 작문하세요.

1 화장실은 어디입니까?

→ _____

2 이 근처에 편의점은 있습니까?

→ _____

3 田中 씨는 지금 은행에 있습니다.

→ _____

4 감사합니다.

→ _____

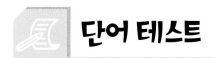
1. 다음 한자를 히라가나로 쓰세요.

今　　（　　　　　）　　電話　　（　　　　　）

犬　　（　　　　　）　　猫　　（　　　　　）

花　　（　　　　　）　　家　　（　　　　　）

部屋　（　　　　　）　　学校　（　　　　　）

公園　（　　　　　）　　銀行　（　　　　　）

本屋　（　　　　　）　　駐車場（　　　　　）

駅　　（　　　　　）　　バス停（　　　　　）

2. 다음 단어를 일본어로 쓰세요.

컴퓨터　（　　　　　）　　책상　　（　　　　　）

의자　　（　　　　　）　　코인로커（　　　　　）

화장실　（　　　　　）　　편의점　（　　　　　）

백화점　（　　　　　）　　호텔　　（　　　　　）

すみません

기본적으로는 사과할 때 사용하는 표현이지만, 상황에 따라 여러 가지 의미로 쓰입니다. 예를 들면, 길을 가다가 부딪치거나 남의 발을 밟거나 했을 때는 '미안합니다', 다른 사람에게 말을 걸 때는 '저기요', 식당에서 종업원을 부를 때는 '여기요', 때로는 앞에 「どうも」를 붙여 '감사합니다' 등 일상생활에서 여러 가지 의미로 자주 쓰이는 표현입니다.

08

<ruby>日<rt>に</rt>本<rt>ほん</rt>語<rt>ご</rt></ruby>の テストは
いつですか。

학습 목표 1. 시간(시, 분), 날짜, 요일에 관련된 표현을 익힌다.
2. 명사문의 과거형을 이해한다.

새로운 어휘

🎧 08-01

- いつ 언제
- 昨日(きのう) 어제
- 今日(きょう) 오늘
- 午前(ごぜん) 오전
- 午後(ごご) 오후
- 半(はん) 반
- 次(つぎ) 다음
- 来週(らいしゅう) 다음 주

- 会議(かいぎ) 회의
- 子供(こども)の日(ひ) 어린이날
- 出張(しゅっちょう) 출장
- 誕生日(たんじょうび) 생일
- テスト 테스트, 시험

- 休(やす)み 휴일, 쉬는 시간
- 昼休(ひるやす)み 점심 시간
- 夏休(なつやす)み 여름 방학(휴가)

- 病院(びょういん) 병원
- 博物館(はくぶつかん) 박물관
- 郵便局(ゆうびんきょく) 우체국

- 電車(でんしゃ) 전철
  * 次(つぎ)の 電車(でんしゃ) 다음 전철
- 質問(しつもん) 질문

- ～から ～부터
- ～まで ～까지

🎧 08-02

- 何(なん)ですか。 무슨 일이죠?
- そうですか。 그렇습니까?/그래요?

문법 노트

▶ 시간

┃ 시(時)

1時	いちじ	7時	しちじ
2時	にじ	8時	はちじ
3時	さんじ	9時	くじ
4時	よじ	10時	じゅうじ
5時	ごじ	11時	じゅういちじ
6時	ろくじ	12時	じゅうにじ

● 何時 몇 시

┃ 분(分)

分	ぷん	分	ぷん
5分	ごふん	10分	じゅっぷん
15分	じゅうごふん	20分	にじゅっぷん
25分	にじゅうごふん	30分	さんじゅっぷん
35分	さんじゅうごふん	40分	よんじゅっぷん
45分	よんじゅうごふん	50分	ごじゅっぷん
55分	ごじゅうごふん	60分	ろくじゅっぷん

● 何分 몇 분 ● 「30分」은 「半」이라고도 말한다.

✎ 시간 연습

今 何時ですか。지금 몇 시입니까?

📖 3：20 → さんじ にじゅっぷんです。

① 5：30

→ _____

② 7：45

→ _____

③ 4：00

→ _____

半 반

▶ 날짜

월(月)

1月	いちがつ	7月	しちがつ
2月	にがつ	8月	はちがつ
3月	さんがつ	9月	くがつ
4月	しがつ	10月	じゅうがつ
5月	ごがつ	11月	じゅういちがつ
6月	ろくがつ	12月	じゅうにがつ

なんがつ
*何月 몇 월

일(日)·요일(曜日)

月曜日 げつようび	火曜日 かようび	水曜日 すいようび	木曜日 もくようび	金曜日 きんようび	土曜日 どようび	日曜日 にちようび
1日 ついたち	2日 ふつか	3日 みっか	4日 よっか	5日 いつか	6日 むいか	7日 なのか
8日 ようか	9日 ここのか	10日 とおか	11日 じゅういちにち	12日 じゅうにち	13日 じゅうさんにち	14日 じゅうよっか
15日 じゅうごにち	16日 じゅうろくにち	17日 じゅうしちにち	18日 じゅうはちにち	19日 じゅうくにち	20日 はつか	21日 にじゅういちにち
22日 にじゅうににち	23日 にじゅうさんにち	24日 にじゅうよっか	25日 にじゅうごにち	26日 にじゅうろくにち	27日 にじゅうしちにち	28日 にじゅうはちにち
29日 にじゅうくにち	30日 さんじゅうにち	31日 さんじゅういちにち				

なんにち
*何日 며칠
なんようび
*何曜日 무슨 요일

✎ 날짜 연습

<ruby>何月何日<rt>なんがつなんにち</rt></ruby>ですか。 몇 월 며칠입니까?

예 2月 17日

→ にがつ じゅうしちにちです。

① 4月 20日

→ _____

② 7月 14日

→ _____

③ 8月 5日

→ _____

④ 9月 19日

→ _____

▶ Nでした : N이었습니다

<ruby>学生<rt>がくせい</rt></ruby>
<ruby>誕生日<rt>たんじょう び</rt></ruby>
でした。

▶ Nでは(=じゃ) ありませんでした : N이/가 아니었습니다

<ruby>日本人<rt>に ほんじん</rt></ruby>
<ruby>休み<rt>やす</rt></ruby>
では(=じゃ) ありませんでした。

<ruby>誕生日<rt>たんじょう び</rt></ruby> 생일
<ruby>休み<rt>やす</rt></ruby> 휴일

🎧 08-03

| N | は いつですか。 |

~은/는 언제입니까?

4/24 誕生日	25	26	27 ① テスト	28	29	30 ② 会議
5/1	2	3	4	5 ③ 子供の日	6	7
5/8	9	10	11	12	13 ④ 出張	14

✏️ 예 A: 誕生日は いつですか。 생일이 언제입니까?

B: しがつ にじゅうよっかです。 4월 24일입니다.

① A: テストは いつですか。

B: _____

② A: 会議は いつですか。

B: _____

③ A: 子供の日は いつですか。

B: _____

④ A: 出張は いつですか。

B: _____

いつ 언제

テスト 테스트, 시험
会議 회의

子供の日 어린이날
出張 출장

🎧 08-04

시간 **から** 시간 **まで です.**

~부터 ~까지입니다.

✏️ 예

AM 9:00~PM 5:00
休み：水

はくぶつかん　ごぜん　く じ　　ご ご　ご じ
博物館は 午前 9時から 午後 5時まで です。

やす　　　すいよう び
休みは 水曜日です。

박물관은 오전 9시부터 오후 5시까지입니다. 휴일은 수요일입니다.

~から ~부터
~まで ~까지
はくぶつかん
博物館 박물관
ごぜん
午前 오전
ご ご
午後 오후
びょういん
病院 병원

①

AM 8:30~PM 6:00 休み：日

びょういん
病院は _____

_____

_____

②

AM 10:00~PM 8:00 休み：月

デパートは _____

_____

_____

③

AM 9:00~PM 3:00 休み：土・日

ぎんこう
銀行は _____

_____

_____

④

AM 9:00~PM 5:00 休み：土・日

ゆうびんきょく
郵便局は _____

_____

_____

ゆうびんきょく
郵便局 우체국

01 🎧 08-05

< 교실에서 >

🧑 先生、質問が あります。

👩 はい、イさん、何ですか。

🧑 日本語の テストは いつですか。

👩 来週の 水曜日ですよ。

🧑 何時からですか。

👩 ええと、午前 10時からです。

質問 질문

いつ 언제

来週 다음 주

02 🎧 08-06

< 역에서 >

🧑 すみません。次の　電車は　何時何分ですか。

👮 次は　3時　55分ですよ。

🧑 あ、そうですか。ありがとうございます。

次 다음

電車 전철

연습 문제

1. (   ) 안에서 적당한 말을 고르세요.

① 昨日は キムさんの 誕生日 (です / でした)。

② 今 (何時 / 何日) ですか。

③ 日本語の 授業は 9時 (から / まで) 10時 30分 (から / まで) です。

④ A : 今日は (何日 / 何曜日) ですか。
B : 火曜日です。

2. 다음 질문에 답하세요.

① Q : 今日は 何月何日ですか。

A : _____

② Q : あなたの 誕生日は いつですか。

A : _____

③ Q : 昨日は 何曜日でしたか。

A : _____

④ Q : 夏休みは 何月からですか。

A : _____

⑤ Q : 昼休みは 何時から 何時までですか。

A : _____

昨日 어제
今日 오늘
夏休み 여름 방학,
         여름 휴가
昼休み 점심 시간

108

3. 다음 문장을 일본어로 작문하세요.

1 실례합니다. 지금 몇 시입니까?

➔ _____

2 일본어 시험은 언제입니까?

➔ _____

3 우체국은 오전 9시부터 오후 5시까지입니다.

➔ _____

4 어제는 휴일이었습니다.

➔ _____

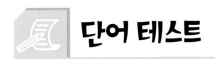

단어 테스트

1. 다음 한자를 히라가나로 쓰세요.

1 昨日 (　　　　　)　　2 今日 (　　　　　)

3 午前 (　　　　　)　　4 午後 (　　　　　)

5 次 (　　　　　)　　6 電車 (　　　　　)

7 病院 (　　　　　)　　8 半 (　　　　　)

9 会議 (　　　　　)　　10 質問 (　　　　　)

11 出張 (　　　　　)　　12 誕生日 (　　　　　)

13 休み (　　　　　)　　14 昼休み (　　　　　)

15 夏休み (　　　　　)　　16 来週 (　　　　　)

17 博物館 (　　　　　)　　18 郵便局 (　　　　　)

2. 다음 단어를 일본어로 쓰세요.

1 언제 (　　　　　)　　2 어린이날 (　　　　　)

3 테스트 (　　　　　)　　4 ~부터 (　　　　　)

5 ~까지 (　　　　　)

일본의 공휴일

▶ 대체휴일(振り替え休日)

일본에서도 공휴일이 일요일과 겹칠 경우, 그 다음날인 월요일을 대체휴일로 하여 쉽니다.

▶ 해피 먼데이(Happy Monday) 제도

몇 년 전부터 기존에 일정한 날짜로 정해져 있던 공휴일을 그 달의 ○째 주 월요일로 바꾸어 3일 연휴로 만들어 쉬고 있습니다.

성인의 날(成人の日) : 1월 15일 → 1월 둘째 주 월요일
바다의 날(海の日) : 7월 20일 → 7월 셋째 주 월요일
경로의 날(敬老の日) : 9월 15일 → 9월 셋째 주 월요일
체육의 날(体育の日) : 10월 10일 → 10월 둘째 주 월요일

▶ 골든위크(ゴールデンウィーク) = 대형연휴(大型連休)

4월 말부터 5월 초에 걸쳐 공휴일이 4일이나 있는데, 이 중에 일요일이 겹쳐서 대체휴일로 월요일을 쉰다거나 사이에 주말이 끼거나 하면 길게는 일주일 넘게 휴일을 즐길 수 있게 됩니다. 이 기간을 '황금연휴'를 뜻하는 '골든위크'라고 부르며, 요즘 매스컴에서는 '대형연휴'라는 표현을 쓰기도 합니다. 이때는 날씨도 좋고 모처럼의 연휴이기 때문에 국내외로 여행을 떠나는 사람들이 많습니다.

09

がめん おお
画面が 大きくて、
いいですね。

학습 목표
1. い형용사의 의미와 다양한 활용(긍정, 부정, 현재, 과거)을 익혀, 사람, 사물의 감정, 상태 등을 표현할 수 있도록 한다.
2. 문장의 역접 표현을 이해한다.

새로운 어휘

新しい 새롭다

高い 비싸다, 높다

安い 싸다

寒い 춥다

暑い 덥다

難しい 어렵다

眠い 졸리다

忙しい 바쁘다

大きい 크다

小さい 작다

楽しい 즐겁다

おもしろい 재미있다

かなしい 슬프다

やさしい 다정하다, 상냥하다

おいしい 맛있다

かわいい 귀엽다, 예쁘다

かっこいい 멋있다

明るい 밝다

いい(＝よい) 좋다

*頭がいい 머리가 좋다

🎧 09-02

- 明日^{あした} 내일
- 天気^{てんき} 날씨
- 映画^{えいが} 영화
- 画面^{がめん} 화면
- 値段^{ねだん} 가격
- 頭^{あたま} 머리
- 背^せ 키

  * 背^せが 高^{たか}い 키가 크다

- スマートフォン 스마트폰
  * 줄여서 「スマホ」라는 표현도 사용
- デザイン 디자인
- ドラマ 드라마
- ストーリー 스토리
- デート 데이트

- とても 매우, 대단히
- あまり 그다지, 별로 (뒤에 부정 수반)
- 少^{すこ}し 조금

- ～が、～ ～지만, ～ (역접)

🎧 09-03

- いえ。　　　　　아뇨.
- どうですか。　어떻습니까?
- どうでしたか。　어땠습니까?

📖 문법 노트

▶ い형용사

일본어의 형용사는 문장 안에서 주어의 성질이나 상태 등을 서술하며, 어미의 형태에 따라 'い형용사'와 'な형용사'로 구분된다.

い형용사는 기본형의 어미가 「い」로 끝나는 일본 고유의 형용사이다. 과거형, 부정형 등으로 활용할 때는 마지막 음절인 어미 「い」만이 다른 형태로 바뀐다.

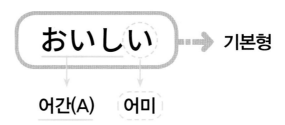

✒ い형용사 활용 연습

기본형(Aい)	Aい + N ~한 + N	Aいです ~ㅂ니다	Aく ないです ~(하)지 않습니다	Aくて ~하고/해서
예 おいしい 맛있다	おいし**い** ビール 맛있는 맥주	おいし**いです** 맛있습니다	おいし**く ないです** 맛있지 않습니다	おいし**くて** 맛있고, 맛있어서
^{たか}高い 비싸다, 높다				
^{やす}安い 싸다				
^{さむ}寒い 춥다				
^{あつ}暑い 덥다				
^{おお}大きい 크다				
^{あか}明るい 밝다				

* かわいい 귀엽다, 예쁘다			
* いい(= よい) 좋다			
* かっこいい 멋있다			

✏️ い형용사 과거 활용 연습

기본형(Aい)	Aかったです ~었습니다	Aく なかったです ~(하)지 않았습니다
📌 おいしい 맛있다	おいしかったです 맛있었습니다	おいしく なかったです 맛있지 않았습니다
楽しい たの 즐겁다		
忙しい いそが 바쁘다		
おもしろい 재미있다		
難しい むずか 어렵다		
やさしい 다정하다, 상냥하다		
* いい(= よい) 좋다		

* 「いい」는 과거형·부정형·연결형일 때는 「よい」로만 활용한다. (※부록 189페이지 참고)

🎧 09-04

A	いです。	~ㅂ니다.
A	く ないです。	~(하)지 않습니다.

🔊 **예1** 忙しい → 忙しいです。 바쁩니다.

忙しく ないです。 바쁘지 않습니다.

① 寒い

② いい

③ 安い

④ 眠い

忙しい 바쁘다

寒い 춥다

いい(=よい) 좋다
安い 싸다
眠い 졸리다

✏️ **예2** 明日 / 忙しい (○)(×)

A : 明日は 忙しいですか。 내일은 바쁩니까?

B : はい、とても 忙しいです。(○) 네, 매우 바쁩니다.

いいえ、あまり 忙しく ないです。(×)

아니요, 그다지 바쁘지 않습니다.

① 今日 / 暑い (○)

A : _____

B : _____

明日 내일

とても 매우, 대단히

あまり 그다지, 별로
(뒤에 부정 수반)

暑い 덥다

② 日本語 / 難しい (×)

A: _____

B: _____

難しい 어렵다

③ 先生 / やさしい (○)

A: _____

B: _____

やさしい 다정하다,
상냥하다

④ この ドラマ / おもしろい (×)

A: _____

B: _____

ドラマ 드라마

おもしろい 재미있다

🎧 09-05

┌─────────────┬─────────────────┐
│　A　 いですが、　　A　　 いです。

~(하)지만, ~ㅂ니다.

🔊 📻 おいしい / 高い

→ おいしいですが、高いです。 맛있지만, 비쌉니다.

① 難しい / おもしろい

② 忙しい / 楽しい

③ かなしい / おもしろい

④ 小さい / 高い

おいしい 맛있다
高い 비싸다, 높다

楽しい 즐겁다

かなしい 슬프다

小さい 작다

09-06

⌐　A　くて、　A　いです。⌐

~하고(해서) ~ㅂ니다.

예 安い / おいしい

→ 安くて、おいしいです。 싸고 맛있습니다.

① 小さい / かわいい

→ _____

かわいい 귀엽다,
예쁘다

② 背が 高い / かっこいい

→ _____

背 키
かっこいい 멋있다

③ 頭が いい / やさしい

→ _____

頭 머리
いい(=よい) 좋다

④ 明るい / いい

→ _____

明るい 밝다

🎧 09-07

| A | かったです。 | ~었습니다. |
| A | く なかったです。 | ~(하)지 않았습니다. |

✏️ ⓔ **テスト / 難しい (○)(×)**

A:テストは 難しかったですか。 테스트는 어려웠습니까?

B:はい、難しかったです。(○) 네, 어려웠습니다.

いいえ、難しく なかったです。(×) 아니요, 어렵지 않았습니다.

① **昨日 / 寒い (○)**

A:＿＿＿＿＿＿＿＿＿＿＿＿＿＿＿＿＿＿＿＿＿

B:＿＿＿＿＿＿＿＿＿＿＿＿＿＿＿＿＿＿＿＿＿

昨日 어제

② **デート / 楽しい (○)**

A:＿＿＿＿＿＿＿＿＿＿＿＿＿＿＿＿＿＿＿＿＿

B:＿＿＿＿＿＿＿＿＿＿＿＿＿＿＿＿＿＿＿＿＿

デート 데이트

③ **天気 / いい (×)**

A:＿＿＿＿＿＿＿＿＿＿＿＿＿＿＿＿＿＿＿＿＿

B:＿＿＿＿＿＿＿＿＿＿＿＿＿＿＿＿＿＿＿＿＿

天気 날씨

④ **昨日 / 忙しい (×)**

A:＿＿＿＿＿＿＿＿＿＿＿＿＿＿＿＿＿＿＿＿＿

B:＿＿＿＿＿＿＿＿＿＿＿＿＿＿＿＿＿＿＿＿＿

회화

01 🎧 09-08

😊 これは 何ですか。

🙂 新しい スマートフォンですよ。

😊 画面が 大きくて、いいですね。これ、高く ないですか。

🙂 いえ、あまり 高く ないです。

新しい 새롭다

スマートフォン
스마트폰

画面 화면

大きい 크다

いえ 아뇨

122

02 🎧 09-09

👓 これは どうですか。

👩 デザインは いいですが、値段（ねだん）が 少（すこ）し 高（たか）いですね。

150,000円

03 🎧 09-10

👨 昨日（きのう）の 映画（えいが）は どうでしたか。

👩 ストーリーも よくて、とても おもしろかったですよ。

デザイン 디자인

〜が、〜
　　　　〜지만, 〜 (역접)
値段（ねだん） 가격
少（すこ）し 조금
映画（えいが） 영화
ストーリー 스토리

연습 문제

1. ( ) 안에서 적당한 말을 고르세요.

1 A : 今暑いですか。

B : いいえ、(暑いです / 暑く ないです)。

2 あそこに (かわいい / かわい) 犬が います。

3 背が (高いくて / 高くて)、かっこいいです。

4 ここは 高いですが、(あまり / とても) おいしく ないです。

5 映画は とても (いかったです / よかったです)。

6 A : デートは (どうですか / どうでしたか)。

B : 楽しかったです。

2. 다음 대회를 완성하세요.

1 A : おいしいですか。

B : はい、_____

2 A : 今 忙しいですか。

B : いいえ、_____

3 A : 映画は おもしろかったですか。

B : はい、_____

4 A : テストは 難しかったですか。

B : いいえ、_____

124

3. 다음 문장을 일본어로 작문하세요.

1. 여기는 싸고 맛있습니다.

    → _____

2. 디자인은 좋지만, 가격이 조금 비싸네요.

    → _____

3. 내일은 그다지 바쁘지 않습니다.

    → _____

4. 스토리도 좋고 매우 재미있었습니다.

    → _____

단어 테스트

1. 그림을 보고 알맞은 い형용사를 쓰세요.

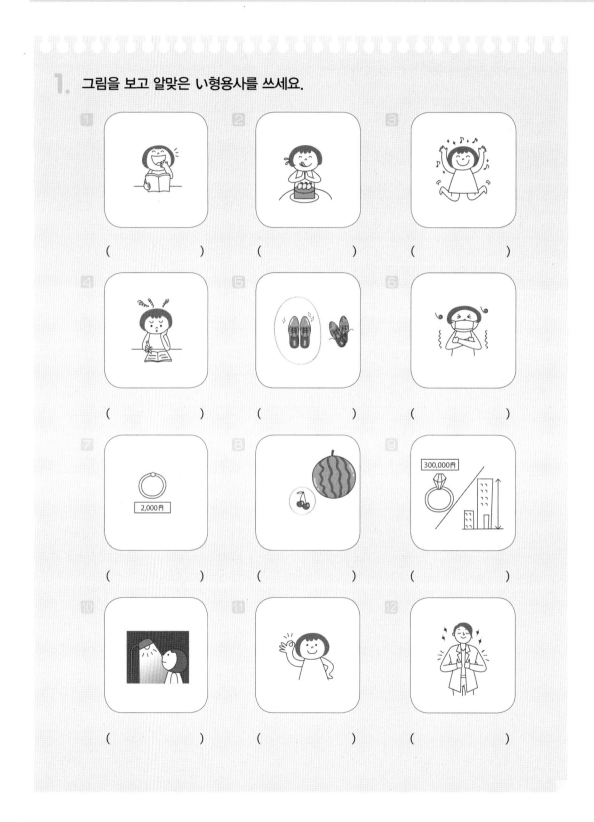

① ( )	② ( )	③ ( )
④ ( )	⑤ ( )	⑥ ( )
⑦ ( ) 2,000円	⑧ ( )	⑨ ( ) 300,000円
⑩ ( )	⑪ ( )	⑫ ( )

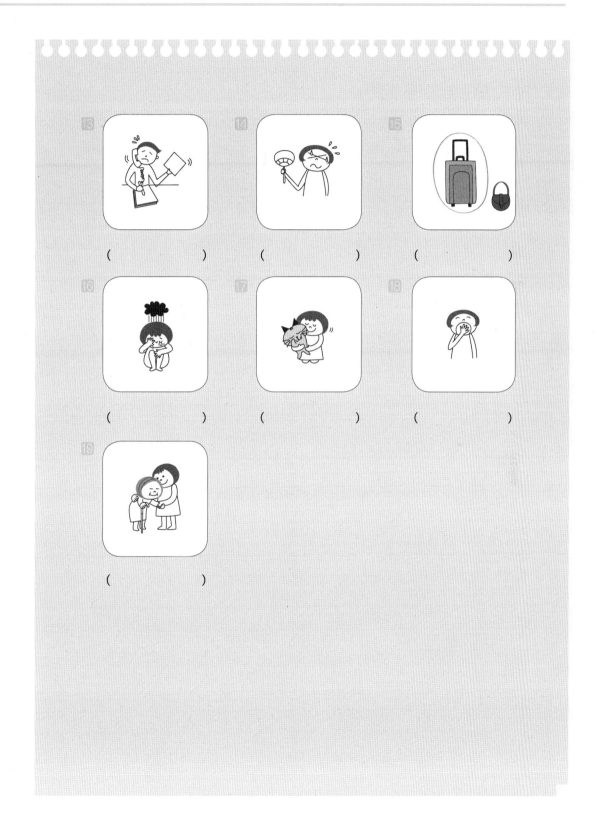

2. 다음 한자를 히라가나로 쓰세요.

明日   (   )   天気   (   )

映画   (   )   画面   (   )

値段   (   )   頭   (   )

背   (   )   少し   (   )

3. 다음 단어를 일본어로 쓰세요.

스마트폰 (   )   디자인   (   )

드라마   (   )   스토리   (   )

데이트   (   )   매우, 대단히
                                                   (   )

그다지, 별로
       (   )

よかった

い형용사 「いい(=よい) 좋다」의 과거형 「よかった」는 '좋았다'라는 뜻 이외에도, 상황에 따라 '잘됐다, 다행이다' 등 다양한 의미로 사용됩니다.

A : 旅行は どうでしたか。 여행은 어땠나요?

B : とても よかったですよ。 매우 좋았어요

A : 先生は？ 선생님은?

B : まだ。 아직 (안 오셨어).

A : ああ、よかった。 아~, 다행이다.

A : 娘が 東大に 受かりました。 딸이 도쿄대학교에 합격했어요

B : それは よかったですね。 그거 잘됐네요

10

どんな人が好きですか。

학습 목표

1. な형용사의 의미와 다양한 활용(긍정, 부정, 현재, 과거)을 익혀, 사람, 사물의 감정, 상태 등을 표현할 수 있도록 한다.
2. 좋아하는 것(음식, 스포츠 등)에 관해 묻고 답할 수 있도록 한다.

🎧 10-01

かんたん 簡単だ	きれいだ	げん き 元気だ	しんせつ 親切だ
간단하다	예쁘다, 깨끗하다	건강하다	친절하다

ひま 暇だ	べん り 便利だ	にぎやかだ	しず 静かだ
한가하다	편리하다	번화하다	조용하다

まじめだ
성실하다

ゆうめい
有名だ
유명하다

(Nが) す
好きだ
(N을/를) 좋아하다

(Nが) じょう ず
上手だ
(N을/를) 잘한다

Fuji

(Nが) だい す
大好きだ
(N을/를) 매우 좋아하다

🎧 10-02

- か しゅ
歌手 가수
- スポーツ 스포츠
- サッカー 축구
- や きゅう
野球 야구
- こうつう
交通 교통
- べんきょう
勉強 공부
- りょう り
料理 요리
- つか かた
使い方 사용법

- た もの
食べ物 음식
- すし 초밥
- そば 메밀국수
- パスタ 파스타

- どんな 어떤, 어떠한
- いちばん
一番 가장, 제일
- やっぱり 역시

문법 노트

▶ な형용사

　　명사를 수식할 때의 어미 형태가 「な」이기 때문에 'な형용사'라고 불리며, 'い형용사'
와는 달리 한자어(元気な)나 외래어(モダンな＝modern＋な)를 어원으로 탄생한 형용
사이다. 명사 수식형, 과거형, 부정형 등으로 활용을 할 때는 마지막 음절인 어미 「だ」
만이 다른 형태로 바뀌며, 활용 형태는 명사와 유사하다.

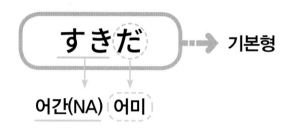

┃ 형용사의 기본 활용 (cf. 명사)

		명사 (学生 학생)	な형용사 (好きだ 좋아하다)
명사 수식			好きな 좋아하는
연결		学生で 학생이고, 학생이어서	好きで 좋아하고, 좋아해서
현재	긍정	学生です 학생입니다	好きです 좋아합니다
	부정	学生じゃありません 학생이 아닙니다	好きじゃありません 좋아하지 않습니다
과거	긍정	学生でした 학생이었습니다	好きでした 좋아했습니다
	부정	学生じゃありませんでした 학생이 아니었습니다	好きじゃありませんでした 좋아하지 않았습니다

문법 노트

な형용사 활용 연습

기본형(NAだ)	NAな＋N ~한＋N	NAです ~ㅂ니다	NAじゃ ありません ~(하)지 않습니다	NAで ~하고/해서
好きだ 좋아하다	好きな 人 좋아하는 사람	好きです 좋아합니다	好きじゃ ありません 좋아하지 않습니다	好きで 좋아하고, 좋아해서
有名だ 유명하다	人			
きれいだ 예쁘다, 깨끗하다	人			
元気だ 건강하다	人			
親切だ 친절하다	人			
まじめだ 성실하다	人			

な형용사 과거 활용 연습

기본형(NAだ)	NAでした ~했습니다	NAじゃ ありませんでした ~(하)지 않았습니다
好きだ 좋아하다	好きでした 좋아했습니다	好きじゃ ありませんでした 좋아하지 않았습니다
便利だ 편리하다		
にぎやかだ 번화하다		

静<small>しず</small>かだ 조용하다	
まじめだ 성실하다	
有名<small>ゆうめい</small>だ 유명하다	
上手<small>じょうず</small>だ 잘하다	

▶ Nの 中<small>なか</small>で 何<small>なに</small>が 一番<small>いちばん</small> 好<small>す</small>きですか : N 중에서 무엇을 가장 좋아합니까?

A: 食<small>た</small>べ物<small>もの</small>の 中<small>なか</small>で 何<small>なに</small>が 一番<small>いちばん</small> 好<small>す</small>きですか。 음식 중에서 무엇을 가장 좋아합니까?

B: すしが 一番<small>いちばん</small> 好<small>す</small>きです。 초밥을 가장 좋아합니다.

A

スポーツ 食<small>た</small>べ物<small>もの</small> 歌手<small>か しゅ</small>	の 中<small>なか</small>で	何<small>なに</small> だれ	が 一番<small>いちばん</small> 好<small>す</small>きですか。

B

野球<small>や きゅう</small>・ サッカー・

カレーライス・ すし・ そば・ パスタ　　が 一番<small>いちばん</small> 好<small>す</small>きです。

（가수 이름）

一番<small>いちばん</small> 가장, 제일	好<small>す</small>きだ 좋아하다
食<small>た</small>べ物<small>もの</small> 먹을 것, 음식	スポーツ 스포츠
歌手<small>か しゅ</small> 가수	野球<small>や きゅう</small> 야구
サッカー 축구	すし 초밥
そば 메밀국수	パスタ 파스타

🎧 10-03

NA	な	N

~한 N

✏ 예 木村さんは どんな 人ですか。 기무라 씨는 어떤 사람입니까?

親切だ → 親切な 人です。 친절한 사람입니다.

① まじめだ → ＿＿＿＿＿＿＿＿＿ 人です。

② 静かだ → ＿＿＿＿＿＿＿＿＿ 人です。

③ きれいだ → ＿＿＿＿＿＿＿＿＿ 人です。

④ 元気だ → ＿＿＿＿＿＿＿＿＿ 人です。

どんな 어떤, 어떠한
親切だ 친절하다

まじめだ 성실하다
静かだ 조용하다
きれいだ 예쁘다,
　　　　 깨끗하다
元気だ 건강하다

🎧 10-04

NA	です。
NA	じゃ ありません。

~ㅂ니다.

~(하)지 않습니다.

🔊 예1 有名だ → 有名です。 유명합니다.

有名じゃ ありません。 유명하지 않습니다.

① きれいだ

② 暇だ

③ 便利だ

④ 好きだ

有名だ 유명하다

暇だ 한가하다
便利だ 편리하다

✏️ **예2** 明日 / 暇だ (〇)(×)

A : 明日は 暇ですか。 내일은 한가합니까?

B : はい、暇です。(〇) 네, 한가합니다.

いいえ、暇じゃ ありません。(×) 아니요, 한가하지 않습니다.

① 交通 / 便利だ (〇)

A : _____

B : _____

○ 交通 교통

② あなたの 部屋 / きれいだ (×)

A : _____

B : _____

③ 使い方 / 簡単だ (〇)

A : _____

B : _____

○ 使い方 사용법
簡単だ 간단하다

④ 鈴木さん / まじめだ (×)

A : _____

B : _____

🎧 10-05

NA で、 NA です。
A いです。

~하고/해서 ~ㅂ니다.

✏ 예 簡単（かんたん）だ / 便利（べんり）だ

→ 簡単（かんたん）で、便利（べんり）です。 간단하고 편리합니다.

① まじめだ / やさしい

→ _____

② 有名（ゆうめい）だ / きれいだ

→ _____

③ 親切（しんせつ）だ / かわいい

→ _____

④ 元気（げんき）だ / 明（あか）るい

→ _____

🎧 10-06

| NA | でした。 | ~했습니다. |
| NA | じゃ ありませんでした。 | ~(하)지 않았습니다. |

✏️ 🔖 交通 / 便利だ (○)(×)

A：交通は 便利でしたか。 교통은 편리했습니까?

B：はい、便利でした。(○) 네, 편리했습니다.

いいえ、便利じゃ ありませんでした。(×)
아니요, 편리하지 않았습니다.

① テスト / 簡単だ (○)

A：_____

B：_____

② 昨日 / 暇だ (×)

A：_____

B：_____

③ 木村さん / 元気だ (○)

A：_____

B：_____

④ ホテル / きれいだ (×)

A：_____

B：_____

회화

01 🎧 10-07

田中さんは どんな 人が 好きですか。

私ですか。

私は やっぱり まじめで、かっこいい 人が 好きです。

キムさんは。↗

私は 元気で、明るい 人が 好きですね。

やっぱり 역시

02 🎧 10-08

🧑‍🦰 イさんは どんな 食べ物が 好きですか。

🧑 なっとうが 好きです。

🧑‍🦰 えっ、なっとうが 好きですか。

🧑 ええ、前は 好きじゃ ありませんでしたが、

今は 大好きですよ。

なっとう 낫토
(일본의 콩 발효식품)

大好きだ 매우 좋아하다

연습 문제

1. (　　　) 안에서 적당한 말을 고르세요.

　① イさんは やさし (くて / で)、(きれい / きれいな) 人です。

　② A : あなたの 部屋は きれいですか。

　　 B : いいえ、(きれく ないです / きれいじゃ ありません)。

　③ 頭が (いくて / よくて)、かっこいい 人 (を / が) 好きです。

　④ あの 病院は あまり (親切です / 親切じゃ ありません)。

　⑤ 昨日は 暇 (でした / かったです)。

2. 보기의 형용사를 이용하여 질문에 답하세요.

　【보기】

頭が いい	おいしい	おもしろい	かっこいい
かわいい	きれいだ	元気だ	静かだ
上手だ	好きだ	背が 高い	まじめだ
難しい	やさしい		

　① Q : 日本語の 勉強は どうですか。

　　 A : _____

　② Q : 日本の 食べ物は どうですか。

　　 A : _____

上手だ 잘한다
勉強 공부

③ Q : どんな 人が 好きですか。

A : _____

④ Q : 料理が 上手ですか。

A : _____

⑤ Q : 歌手の 中で 誰が 一番 好きですか。

A : _____

3. 다음 문장을 일본어로 작문하세요.

① 기무라 씨는 친절한 사람입니다.

➡ _____

② 아니요, 한가하지 않습니다.

➡ _____

③ 저는 성실하고 멋있는 사람을 좋아합니다.

➡ _____

④ 전에는 좋아하지 않았지만, 지금은 매우 좋아합니다.

➡ _____

料理 요리

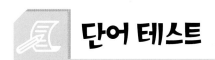

단어 테스트

1. 그림을 보고 알맞은 な형용사를 쓰세요.

1 (   )

2 (   )

3 (   )

4 (   )

5 (   )

6 (   )

7 (   )

8 (   )

9 (   )

10 Fuji
   (   )

11 (   )

12 (   )

2. 다음 한자를 히라가나로 쓰세요.

1 歌手 ( ) 2 野球 ( )

3 交通 ( ) 4 料理 ( )

5 食べ物 ( ) 6 一番 ( )

7 勉強 ( )

3. 다음 단어를 일본어로 쓰세요.

1 스포츠 ( ) 2 축구 ( )

3 초밥 ( ) 4 메밀국수 ( )

5 파스타 ( ) 6 어떤, 어떠한

( )

7 역시 ( )

元気
げん き

「元気」는 'な형용사' 및 '명사'로 사용되며, 의미는 신체적으로 '건강하다, 활발하다'라는 뜻 이외에, '기운이 있다, 원기가 좋다'라는 뜻도 있습니다. 일반적으로 생물학적 건강보다는 기운, 성격 등 심리적이거나 사회적인 건강을 나타내는 경우가 많습니다.

그럼, 다음 그림과 함께 「元気」의 다양한 의미에 대해서 알아볼까요?

① お元気ですか。 <u>잘 지내세요?</u>

잘 지내려면 건강하고 기운이 있어야겠죠? 「お元気ですか」는 상대의 근황을 묻는 표현으로 '잘 지내세요?'라는 의미입니다.

② 元気な 子どもですね。 활발한 아이네요.

성격이 밝고 기운이 넘치는 아이라는 의미입니다.

③ 元気が ありませんね。 <u>기운이 없으시네요.</u>

상대방이 침울해하거나 기운이 없어 보이는 것을 걱정해서 하는 말입니다.

毎朝 9時に 学校へ 行きます。

<small>まいあさ　く　じ　　　がっこう　　い</small>

학습 목표　**1.** 동사의 종류(그룹)와 **ます**형 활용법을 이해한다.

2. 자신의 현재, 미래 행동을 일본어 정중체로 표현할 수 있도록 한다.

새로운 어휘

11-01

行く 가다

来る 오다

帰る 돌아가다/오다

起きる 일어나다

寝る 자다

食べる 먹다
*お肉 고기 / すし 초밥
朝ごはん 아침밥

飲む 마시다
*コーヒー 커피
ビール 맥주 / お酒 술

見る 보다
*ドラマ 드라마
映画 영화

読む 읽다
*新聞 신문

吸う 피우다
*たばこ 담배

する 하다
*運動 운동 / 料理 요리
デート 데이트

ある 있다(식물·사물)
*花 꽃
ノートパソコン 노트북

11-02

- **朝ごはん** 아침밥
- **お肉** 고기
- **テレビ** 텔레비전
- **ニュース** 뉴스
- **お金** 돈
- **たばこ** 담배
- **京都** 교토

- **毎日** 매일
- **毎朝** 매일 아침
- **今晩** 오늘 저녁, 오늘 밤
- **今度** ① 이번 ② 다음
- **週** 주, 일주간

- **時間** 시간
- **何時間** 몇 시간
- **一回** 한 번, 1회

- **運動** 운동

- **近い** 가깝다

- **ときどき** 때때로, 가끔
- **よく** ① 자주 ② 잘
- **ぜんぜん** 전혀 (뒤에 부정 수반)

- **~ぐらい** ~정도
- **장소 + へ[e]** ~(으)로, ~에
- **시간 + に** ~에

문법 노트

▶ 동사

동사는 어미가 「う단(−u)」으로 끝나고, 형태에 따라 세 종류로 분류된다.

1그룹 동사	2·3그룹 동사를 제외한 모든 동사 ① 어미가 「る」가 아닌 동사 ② 「−a · −u · −o」 + る ⑩ 行く(iku), 飲む(nomu), 読む(yomu), 会う(au), 　　ある(aru), 作る(tsukuru), 乗る(noru) * 예외 1그룹 동사 : 2그룹 동사처럼 보이지만, 예외적으로 1그룹으로 분류 　　　　　　　　되는 동사 (나올 때마다 외우자!) ⑩ 帰る(kaeru), 入る(hairu)
2그룹 동사	어미가 「る」로 끝나고 앞의 글자가 「−i」나 「−e」인 동사 ① 「−i」 + る ② 「−e」 + る ⑩ 見る(miru), 起きる(okiru), 寝る(neru), 食べる(taberu)
3그룹 동사	2개밖에 없다. 그냥 외우자! ① する ② 来る

문법 노트

▶ 동사의 「ます형」

동사에 「ます」를 붙이면 반복되는 동작이나 미래, 또는 의지를 나타내는 정중한 표현
('~합니다', '~하겠습니다', '~할 겁니다')이 된다. 'ます형'이란 동사가 「ます」와 접속
하기 위해 변화한 형태이며, 동사의 종류에 따라 다음의 3가지로 활용된다.

「-u」→「-i」 + ます

1그룹 동사	예 行く → 行き + ます
	飲む → 飲み + ます
	読む → 読み + ます
	会う → 会い + ます
	帰る → 帰り + ます

「-る」→「る」 + ます

2그룹 동사	예 見る → 見 + ます
	起きる → 起き + ます
	寝る → 寝 + ます

「する」→「し」 + ます
3그룹 동사
「来る」→「来」 + ます

* 「ます」의 부정형은 「ません」이다.

📖동사의 「ます형」 활용 연습

기본형	종류	~ます ~합니다	~ません ~(하)지 않습니다
📣行^いく 가다	1그룹	行^いきます 갑니다	行^いきません 가지 않습니다
来^くる 오다			
飲^のむ 마시다			
起^おきる 일어나다			
寝^ねる 자다			
食^たべる 먹다			
*帰^{かえ}る 돌아가다/오다			
読^よむ 읽다			
見^みる 보다			
する 하다			
吸^すう 피우다			

🎧 11-03

시간 に V ます。

~에 ~합니다.

✏️ **예** 7時 / 起きる

→ 毎日 7時に 起きます。 매일 7시에 일어납니다.

① 8時 / 朝ごはんを 食べる → _____

② 9時 / 学校へ 来る → _____

③ 6時 / 家へ 帰る → _____

④ 12時 / 寝る → _____

起きる 일어나다
毎日 매일
(시간)に ~에
朝ごはん 아침밥
食べる 먹다
来る 오다

帰る 돌아가다/오다
寝る 자다

🎧 11-04

N を V ます。

~을/를 ~합니다/하겠습니다/할 겁니다.

✏️ **예1** 日本語の 勉強 / する

→ 毎朝 日本語の 勉強を します。 매일 아침 일본어 공부를 합니다.

① 新聞 / 読む

→ _____

② コーヒー / 飲む

→ _____

する 하다
毎朝 매일 아침

読む 읽다

飲む 마시다

③ニュース / 見る

→ _____

④ 運動 / する

→ _____

例2 今晩 何を しますか。 오늘 저녁에 무엇을 할 겁니까?

映画 / 見る → 映画を 見ます。 영화를 볼 겁니다.

① デート / する

→ _____

② 日本の ドラマ / 見る

→ _____

③ お酒 / 飲む

→ _____

④ 本 / 読む

→ _____

ニュース 뉴스
見る 보다
運動 운동

今晩 오늘 저녁

ドラマ 드라마

お酒 술

🎧 11-05

| N | は | V | ますが、 | N | は | V | ません。 |

~은/는 ~(하)지만, ~은/는 ~(하)지 않습니다.

✏️ 📖 食べる / すし (○) / なっとう (×)

→ すしは食べますが、なっとうは食べません。

초밥은 먹지만, 낫토는 먹지 않습니다.

① 飲む / コーヒー (○) / お酒 (×)

→ _____

② 読む / 雑誌 (○) / 新聞 (×)

→ _____

③ 見る / 映画 (○) / ドラマ (×)

→ _____

④ ある / 時間 (○) / お金 (×)

→ _____

ある 있다
時間 시간
お金 돈

🎧 11-06

| よく ときどき | V | ます。 | 자주 가끔/때때로 | ~합니다. |
| あまり ぜんぜん | V | ません。 | 그다지 전혀 | ~(하)지 않습니다. |

✏️ 📖 A : テレビを 見ますか。 텔레비전을 봅니까?

B : はい、よく/ときどき 見ます。 네, 자주/가끔 봅니다.

いいえ、あまり/ぜんぜん 見ません。 아니요, 그다지/전혀 보지 않습니다.

> よく 자주, 잘
> ときどき 때때로, 가끔
> ぜんぜん 전혀
> テレビ 텔레비전

① A : お酒を 飲みますか。

B : はい、＿＿＿＿＿＿＿＿＿＿＿＿

② A : たばこを 吸いますか。

B : いいえ、＿＿＿＿＿＿＿＿＿＿＿

> たばこ 담배
> 吸う 피우다

③ A : 料理を しますか。

B : はい、＿＿＿＿＿＿＿＿＿＿＿＿

④ A : お肉を 食べますか。

B : いいえ、＿＿＿＿＿＿＿＿＿＿＿

> お肉 고기

회화

01 🎧 11-07

😊 今度の 土曜日に 何を しますか。

🙂 京都へ 行きます。

😲 えっ、京都、いいですね。 だれと 行きますか。

🙂 友だちと 行きます。

今度 이번, 다음
京都 교토
(장소)へ ～(으)로, ～에
行く 가다

02 🎧 11-08

田中<ruby>田中<rt>た なか</rt></ruby>さん。こんにちは。

こんにちは。<ruby>木村<rt>き むら</rt></ruby>さんは ここに よく <ruby>来<rt>き</rt></ruby>ますか。

はい。<ruby>家<rt>いえ</rt></ruby>から <ruby>近<rt>ちか</rt></ruby>くて、<ruby>毎日<rt>まいにち</rt></ruby> <ruby>来<rt>き</rt></ruby>ます。<ruby>田中<rt>た なか</rt></ruby>さんは。↗

<ruby>私<rt>わたし</rt></ruby>は <ruby>週<rt>しゅう</rt></ruby>に 1<ruby>回<rt>いっかい</rt></ruby>ぐらい <ruby>来<rt>き</rt></ruby>ます。

<ruby>近<rt>ちか</rt></ruby>い 가깝다

<ruby>週<rt>しゅう</rt></ruby> 주, 일주간

1<ruby>回<rt>いっかい</rt></ruby> 한 번, 1회

～ぐらい ～정도

1. (　　　) 안에서 적당한 말을 고르세요.

　① 何時に 家 (へ / で) 帰りますか。

　② 毎朝 9時 (に / で) 学校へ 行きます。

　③ デパートは 10時 (から / に) です。

　④ 私は お酒を (よく / ぜんぜん) 飲みます。

　⑤ 私は テレビを (ときどき / あまり) 見ません。

2. 다음 보기와 같이 문장을 완성하세요.

　　보기
　　　私は 毎日 2時間ぐらい 日本語の 勉強を します。

　① 私は 毎朝 ＿＿＿＿＿＿＿＿＿＿＿＿＿＿＿＿＿＿ ます。

　② 私は あまり ＿＿＿＿＿＿＿＿＿＿＿＿＿＿＿＿＿＿ ません。

　③ 私は ときどき ＿＿＿＿＿＿＿＿＿＿＿＿＿＿＿＿ ます。

3. 다음 질문에 대답하세요.

① Q：一日 何時間ぐらい 勉強を しますか。

A：＿＿＿＿＿＿＿＿＿＿＿＿＿＿＿＿＿＿＿＿＿＿＿＿

② Q：朝ごはんを 食べますか。

A：＿＿＿＿＿＿＿＿＿＿＿＿＿＿＿＿＿＿＿＿＿＿＿＿

③ Q：毎日 何時に 寝ますか。

A：＿＿＿＿＿＿＿＿＿＿＿＿＿＿＿＿＿＿＿＿＿＿＿＿

4. 다음 문장을 일본어로 작문하세요.

① 내일 몇 시에 올 겁니까?

→ ＿＿＿＿＿＿＿＿＿＿＿＿＿＿＿＿＿＿＿＿＿＿＿＿

② 저는 매일 아침 커피를 마십니다.

→ ＿＿＿＿＿＿＿＿＿＿＿＿＿＿＿＿＿＿＿＿＿＿＿＿

③ 저는 영화는 보지만, 드라마는 보지 않습니다.

→ ＿＿＿＿＿＿＿＿＿＿＿＿＿＿＿＿＿＿＿＿＿＿＿＿

何時間 몇 시간
朝ごはん 아침밥

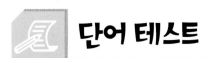

단어 테스트

1. 다음 그림을 보고 알맞은 동사를 쓰세요.

1 (　　　　　　)

2 (　　　　　　)

3 (　　　　　　)

4 (　　　　　　)

5 (　　　　　　)

6 (　　　　　　)

7 (　　　　　　)

8 (　　　　　　)

9 (　　　　　　)

10 (　　　　　　)

11 (　　　　　　)

12 (　　　　　　)

2. 다음 한자를 히라가나로 쓰세요.

1 朝ごはん (   )   2 お肉   (   )

3 お金   (   )   4 京都   (   )

5 毎日   (   )   6 毎朝   (   )

7 今晩   (   )   8 今度   (   )

9 時間   (   )   10 週   (   )

11 運動   (   )   12 近い   (   )

3. 다음 단어를 일본어로 쓰세요.

1 텔레비전   (   )   2 뉴스   (   )

3 때때로, 가끔 (   )   4 전혀   (   )

5 담배   (   )

ぜんぜん

「ぜんぜん」은 정도가 상당히 심한 것을 과장하는 모습을 나타내는 부사입니다. 뒤에 부정의 표현을 수반해서 부정의 내용을 과장하는 경우에 쓰이는 일이 많지만, 표현 자체는 긍정이어도 내용이 부정적이라고 화자가 판단한 상태를 과장하는 경우도 있습니다. 또, 현대어에서는 긍정적인 상태를 과장하는 경우에 쓰이는 일도 적지 않습니다. 다만 이 경우에는 원칙적으로 허물없는 일상회화에서만 사용됩니다.

① ぜんぜん わかりません。 전혀 모르겠습니다.

뒤에 「わかりません」이라는 부정의 표현이 나오네요. 이 경우에는 부정을 과장하는 경우로 '전혀'라는 의미입니다.

② 私は ぜんぜん 反対する。 나는 전적으로 반대한다.

표현 자체는 긍정이어도 내용이 부정적이라고 화자가 판단한 경우에는 '완전히, 전적으로'라는 의미입니다.

③ ぜんぜん いい。 아주 좋아.

긍정을 과장하는 경우로 '아주, 썩, 굉장히, 대단히'라는 의미입니다. 다만 이 경우에는 속어적인 표현으로 일상회화에서만 사용됩니다.

12

つめ
冷たい ビールでも
の
飲みませんか。

1. 동사의 과거형을 익혀, 자신의 과거 행동에 대해 정중
체로 표현할 수 있도록 한다.
2. 상대방의 의사를 물어 보고 권유하는 표현을 익힌다.

🎧 12-01

遊ぶ
놀다

(사람+に) 会う
(~을/를) 만나다

買う
사다

疲れる
피곤하다

(写真を)とる
(사진을) 찍다

待つ
기다리다

休む
쉬다

🎧 12-02

- **写真** 사진
- **食事** 식사
- **昼ごはん** 점심(밥)
- **学食** 학생식당
  * **学生食堂**의 준말
- **席** 자리
- **スーパー** 슈퍼마켓

- **自転車** 자전거
- **タクシー** 택시
- **バス** 버스

- **先週** 지난주
- **冷たい** 차갑다

- **一緒に** 같이, 함께
- **ちょっと** 잠시, 잠깐, 조금

- **~でも** ~라도
- **~で** ① 장소+で ~에서
  ① 수단+で ~(으)로
- **~から** ~(이)니까, ~때문에 (원인, 이유)

🎧 12-03

- **そうしましょう。** 그럽시다/그렇게 합시다.
- **まだです。** 아직입니다/아직 안 했습니다.

문법 노트

▶ 동사 활용

현재	V(ます형) + ます	~합니다	行_いきます 갑니다
	V(ます형) + ません	~(하)지 않습니다	行_いきません 가지 않습니다
과거	V(ます형) + ました	~했습니다	行_いきました 갔습니다
	V(ます형) + ませんでした	~(하)지 않았습니다	行_いきませんでした 가지 않았습니다

✎ 동사 과거형 활용 연습

기본형	종류	~ました ~했습니다	~ませんでした ~(하)지 않았습니다
예 行_いく 가다	1그룹	行_いきました 갔습니다	行_いきませんでした 가지 않았습니다
来_くる 오다			
寝_ねる 자다			
買_かう 사다			
する 하다			

I ～ませんか・～ましょうか・～ましょう

V(ます형) + ませんか	~하지 않겠습니까?	昼_{ひる}ごはんを 一緒_{いっしょ}に 食_たべませんか。 점심밥을 같이 먹지 않겠습니까?
V(ます형) + ましょうか	~할까요?	どこで 食_たべましょうか。 어디서 먹을까요?
V(ます형) + ましょう	~합시다	学食_{がくしょく}で 食_たべましょう。 학생식당에서 먹읍시다.

昼_{ひる}ごはん 점심(밥)
一緒_{いっしょ}に 같이, 함께
学食_{がくしょく} 학생식당

🎧 12-04

| 장소 | で 買^かいました。 | ~에서 샀습니다. |
| 교통수단 | で 来^きました。 | ~(으)로 왔습니다. |

🔊 **예1** A：どこで 買^かいましたか。 어디에서 샀습니까?

B：デパートで 買^かいました。 백화점에서 샀습니다.

예) デパート

① コンビニ　　② スーパー　　③ 本^{ほん}屋^や　　④ あそこ

~で ~에서 (장소)
買^かう 사다

スーパー 슈퍼마켓

🔊 **예2** A：何^{なに}で 来^きましたか。 무엇으로(교통수단) 왔습니까?

B：電^{でんしゃ}車で 来^きました。 전철로 왔습니다.

예) 電^{でんしゃ}車

① バス　　② タクシー　　③ 車^{くるま}　　④ 自^じ転^{てんしゃ}車

~で ~(으)로 (수단)

バス 버스
タクシー 택시
自^{じ てんしゃ}転車 자전거

🎧 12-05

| V(ます형) | ませんか。 | |
| | | ~(하)지 않겠습니까? |

🔊 **예1** A：一^{いっしょ}緒に 行^いきませんか。 같이 가지 않겠습니까?

B：はい、そうしましょう。 네, 그럽시다.

예) 行^いく

① 見^みる　　　　　② 勉^{べんきょう}強する
③ 写^{しゃしん}真をとる　　④ 食^{しょく じ}事する

一^{いっしょ}緒に 같이, 함께

写^{しゃしん}真 사진
とる (사진을) 찍다
食^{しょく じ}事 식사

✏️ **예2** 映画 / 見る → 映画でも 見ませんか。 영화라도 보지 않겠습니까?　　　　～でも ～라도

① ラーメン / 食べる → _____

② お茶 / する → _____

③ コーヒー / 飲む → _____

④ ケーキ / 食べる → _____

🎧 12-06

> 문장 から、 V(ます형) ましょう。
>
> ～(이)니까 ~합시다.

✏️ **예** 時間が ありません / タクシーで 行く

→ 時間が ありませんから、タクシーで 行きましょう。

시간이 없으니까, 택시로 갑시다.

～から ～(이)니까,
～때문에 (원인, 이유)
席 자리
待つ 기다리다

① 席が ありません / ここで 待つ

→ _____

② デパートは 高いです / スーパーで 買う

→ _____

③ 明日 休みです / 一緒に 遊ぶ

遊ぶ 놀다
疲れる 피곤하다

ちょっと 잠시, 잠깐
休む 쉬다

→ _____

④ 疲れました / ちょっと 休む

→ _____

회화

🗣 鈴木さん、昼ごはんは 食べましたか。

🗣 いいえ、まだです。

🗣 じゃ、一緒に 食べませんか。

🗣 はい、そうしましょう。

昼ごはん

🗣 何を 食べましょうか。

🗣 そばは どうですか。

🗣 ええ、いいですね。

03 🎧 12-09

😐 暑いですね。冷たい ビールでも 飲みませんか。

🧑 ええ、飲みましょう。

冷たい 차갑다

연습 문제

1. 보기에서 적당한 말을 고르세요.

> 〈보기〉
>
> **に ・ を ・ で ・ が ・ は ・ も ・ でも ・ の**

① 毎日 学校 (　　　　) 勉強します。

② 一緒に 写真 (　　　　) とりましょう。

③ 昨日 デパートで 友だち (　　　　) 会いました。

④ 時間が ありませんから、タクシー (　　　　) 行きましょう。

⑤ お茶 (　　　　) 飲みませんか。

2. 다음 보기와 같이 문장을 완성하세요.

> 〈보기〉
>
> **私は 先週の 日曜日に 映画を 見ました。**

① 私は 昨日 _____ ました。

② 私と 一緒に _____ ませんか。

③ 明日は 休みですから、_____ ましょう。

> 会う 만나다
> 先週 지난주

3. 다음 문장을 일본어로 작문하세요.

▣ 어디에서 샀습니까?

→ _____

▣ 버스로 왔습니다.

→ _____

▣ 어제는 학교에 가지 않았습니다.

→ _____

▣ 시원한 맥주라도 마시지 않겠습니까?

→ _____

▣ 피곤하니까, 잠깐 쉽시다.

→ _____

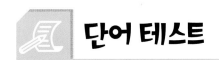

단어 테스트

1. 다음 그림을 보고 알맞은 동사를 쓰세요.

1 (　　　　　)　　2 (　　　　　)　　3 (　　　　　)

4 (　　　　　)　　5 (　　　　　)　　6 (　　　　　)

7 (　　　　　)

2. 다음 한자를 히라가나로 쓰세요.

　① 写真　　　(　　　　　　　)　② 食事　　(　　　　　　　)

　③ 昼ごはん　(　　　　　　　)　④ 学食　　(　　　　　　　)

　⑤ 席　　　　(　　　　　　　)　⑥ 先週　　(　　　　　　　)

　⑦ 自転車　　(　　　　　　　)　⑧ 冷たい　(　　　　　　　)

　⑨ 一緒に　　(　　　　　　　)

3. 다음 단어를 일본어로 쓰세요.

　① 택시　　　(　　　　　　　)　② 버스　　(　　　　　　　)

　③ 슈퍼마켓　(　　　　　　　)　④ 잠시, 잠깐 (　　　　　　　)

失礼<ruby>しつれい</ruby>します

「失礼<ruby>しつれい</ruby>します」는 다음과 같이 사용하는 상황에 따라 표현과 의미가 달라집니다. 그림을 보고 그 각각의 의미를 알아 봅시다.

· 失礼<ruby>しつれい</ruby>します

①

失礼<ruby>しつれい</ruby>します。

(집, 사무실 등을 방문할 때) 실례합니다.

②

では、失礼<ruby>しつれい</ruby>します。

(전화를 끊을 때) 그럼 이만 끊겠습니다.

③

お先<ruby>さき</ruby>に 失礼<ruby>しつれい</ruby>します。

(회사 등에서 다른 사람보다 자신이 먼저 그 자리를 떠날 때)
먼저 퇴근하겠습니다/먼저 일어나겠습니다.

· 失礼<ruby>しつれい</ruby>しました

④

失礼<ruby>しつれい</ruby>しました。

(집, 사무실 등의 방문을 마치고 그 장소를 떠날 때, 폐를 끼쳤다는
의미로) 실례했습니다.

⑤

失礼<ruby>しつれい</ruby>しました。

(상대방에게 실례되는 일을 했을 때) 죄송합니다.

부록

Lesson 03

1. ① は　　　② と
   ③ お願(ねが)いします　　④ の

2. ① はじめまして。
   ② ○○○(자기 이름)と 申(もう)します。
   ③ よろしく お願(ねが)いします。
   ④ 私(わたし)の 友(とも)だちです。
   ⑤ おはようございます。
   ⑥ こんにちは。
   ⑦ こんばんは。

3. 각자의 상황에 맞추어 자유롭게 작성해 봅시다.

Lesson 04

1. ① そうです。
   ② 大学生(だいがくせい)じゃ ありません。会社員(かいしゃいん)です。
   ③ 会社員(かいしゃいん)じゃ ありません。医者(いしゃ)です。

2. 각자의 상황에 맞추어 자유롭게 작성해 봅시다.

3. ① この 人(ひと)は 誰(だれ)ですか。
   ② お名前(なまえ)は 何(なん)ですか。
   ③ 私(わたし)は 韓国人(かんこくじん)です。
   ④ けいたいは 何番(なんばん)ですか。
   ⑤ 私(わたし)は 中国人(ちゅうごくじん)じゃ ありません。

Lesson 05

1. ① を　　② と/を　　③ 何人(なんにん)
   ④ いくつ　　⑤ お願(ねが)いします

2. ① Q1: はい。一人(ひとり)です。
      Q2: コーヒーを 一(ひと)つ ください/お願(ねが)い
      します。
   ② Q1: 二人(ふたり)です。
      Q2: カレーライス 一(ひと)つと ハンバーグ
      定食(ていしょく) 一(ひと)つ ください/お願(ねが)いします。

3. ① すみません。お水(みず)(を) ください/お願(ねが)い
   します。
   ② サラダ(を) 一(ひと)つ ください/お願(ねが)いします。
   ③ メニュー(を) お願(ねが)いします。
   ④ 注文(ちゅうもん)(を) お願(ねが)いします。
   ⑤ 会計(かいけい)(を) お願(ねが)いします。

Lesson 06

1. ① それ　　② 英語(えいご)　　③ どれ
   ④ 私(わたし)の　　⑤ いくら

2. ① (会計(かいけい)を) お願(ねが)いします。
   ② いいえ、別々(べつべつ)に お願(ねが)いします。
   ③ 私(わたし)は コーヒーです。

3. ① それは 何(なん)の 本(ほん)ですか。
   ② 英語(えいご)の 新聞(しんぶん)です。
   ③ この 時計(とけい)は 誰(だれ)のですか。
   ④ 先生(せんせい)のです。
   ⑤ じゃ、これを ください。

Lesson 07

1. ① ホテルの 後(うし)ろに あります。
   ② 銀行(ぎんこう)の 前(まえ)に あります。
   ③ 本屋(ほんや)の 隣(となり)(横(よこ))に あります。
   ④ デパートの 前(まえ)に います。

2. ① トイレはどこですか。
   ② この 近(ちか)くに コンビニは ありますか。
   ③ 田中(たなか)さんは 今(いま)銀行(ぎんこう)に います。
   ④ ありがとうございます。

Lesson 08

1. ① でした　　② 何時(なんじ)
   ③ から/まで　　④ 何曜日(なんようび)

2. 각자의 상황에 맞추어 자유롭게 작성해 봅시다.

3. ① すみません。今 何時ですか。
② 日本語の テストは いつですか。
③ 郵便局は 午前 9時から 午後 5時まで
　 です。
④ 昨日は 休みでした。

Lesson 09

1. ① 暑く ないです。　② かわいい
　 ③ 高くて　　　　　④ あまり
　 ⑤ よかったです　　⑥ どうでしたか。

2. ① おいしいです。
　 ② 忙しく ないです。
　 ③ おもしろかったです。
　 ④ 難しく なかったです。

3. ① ここは 安くて おいしいです。
　 ② デザインは いいですが、値段が 少し
　 　 高いですね。
　 ③ 明日は あまり 忙しく ないです。
　 ④ ストーリも よくて、とても おもしろ
　 　 かったです。

Lesson 10

1. ① くて/きれいな
　 ② きれいじゃ ありません
　 ③ よくて/が
　 ④ 親切じゃ ありません
　 ⑤ でした

2. 각자의 상황에 맞추어 자유롭게 작성해 봅시다.

3. ① 木村さんは 親切な 人です。
　 ② いいえ、暇じゃ ありません。

③ 私は まじめで、かっこいい 人が 好き
　 です。
④ 前は 好きじゃ ありませんでしたが、今
　 は 大好きです。

Lesson 11

1. ① へ　　　　② に　　　　③ から
　 ④ よく　　　⑤ あまり

2. 각자의 상황에 맞추어 자유롭게 작성해 봅시다.

3. 각자의 상황에 맞추어 자유롭게 작성해 봅시다.

4. ① 明日 何時に 来ますか。
　 ② 私は 毎朝 コーヒーを 飲みます。
　 ③ 私は 映画は 見ますが、ドラマは 見ま
　 　 せん。

Lesson 12

1. ① で　　　　② を　　　　③ に
　 ④ で　　　　⑤ でも

2. 각자의 상황에 맞추어 자유롭게 작성해 봅시다.

3. ① どこで 買いましたか。
　 ② バスで 来ました。
　 ③ 昨日は 学校に 行きませんでした。
　 ④ 冷たい ビールでも 飲みませんか。
　 ⑤ 疲れましたから、ちょっと 休みま
　 　 しょう。

Lesson 03

01

처음 뵙겠습니다.
스즈키 렌입니다.
잘 부탁합니다.

02

처음 뵙겠습니다.
SOMY의 다나카 이치로라고 합니다.
잘 부탁합니다.

처음 뵙겠습니다.
IG의 김수현이라고 합니다.
저야말로 잘 부탁합니다.

03

다나카 씨, 이쪽은 스즈키 씨입니다. 제 친구입니다.
처음 뵙겠습니다. 스즈키 렌입니다. 잘 부탁합니다.
다나카 이치로입니다. 잘 부탁합니다.

Lesson 04

01

성함은 무엇입니까? (= 성함이 어떻게 되십니까?)
이지아입니다.
국적은 어디입니까?
한국입니다.
이 씨는 대학생입니까?
네, 대학교 1학년입니다.

02

이 사람은 스즈키 씨 친구입니까?
네, 그렇습니다.

그럼, 이 사람은 누구입니까?
기무라 씨입니다.
기무라 씨도 친구입니까?
아니요, 기무라 씨는 친구가 아닙니다.
대학교 선배입니다.

Lesson 05

01

어서 오세요. 몇 분입니까?
두 명입니다.
이쪽으로 오십시오.

―――――――――――――

여기요.
네. 주문은 (무엇으로 하시겠습니까)?
음, 저는 A세트.
네.
저는 B세트를 부탁합니다.
A세트가 하나, B세트가 하나이지요?
네.

02

어서 오세요. 한 분입니까?
네.
이쪽으로 오십시오.

―――――――――――――

여기요.
네. 주문은 (무엇으로 하시겠습니까)?
햄버그스테이크 정식하고 커피 주세요.
네.

01

이 가방은 얼마입니까?

19,800엔입니다.

그럼, 그건 (얼마예요)?

23,000엔입니다.

그럼, 이것을 주세요.

02

부탁합니다.

네. 함께 계산하시겠습니까?

네.

2,000엔입니다.

네.

03

부탁합니다.

네. 함께 계산하시겠습니까?

아니요, 따로따로 계산해 주세요.

네.

저는 카레라이스입니다.

800엔입니다.

네.

저는 햄버그스테이크 정식입니다.

음, 1,200엔입니다.

네.

01

실례합니다.

네.

저, 화장실은 어디입니까?

저기입니다.

감사합니다.

02

네, 다나카입니다.

다나카 씨, 안녕하세요? 지금 전화 괜찮습니까?

네, 괜찮습니다.

지금 어디에 있습니까?

서점에 있습니다.

03

저, 실례합니다.

네.

이 근처에 코인로커는 있습니까?

코인로커요?

네.

역 안에 있어요.

미안합니다. 한 번 더 부탁합니다.

역 안에 있어요.

아, 알겠습니다. 감사합니다.

회화 해석

Lesson 08

01

선생님, 질문이 있습니다.

네, 이 씨, 뭡니까?

일본어 시험은 언제입니까?

다음주 수요일이에요.

몇 시부터입니까?

음, 오전 10시부터입니다.

02

저기요. 다음 전철은 몇 시 몇 분입니까?

다음은 3시 55분이에요.

아, 그렇습니까? 감사합니다.

Lesson 09

01

이것은 무엇입니까?

새 스마트폰이에요.

화면이 크고 좋네요. 이거 비싸지 않나요?

아니요, 그다지 비싸지 않아요.

02

이것은 어떻습니까?

디자인은 좋습니다만, 가격이 좀 비싸네요.

03

어제 영화는 어땠습니까?

스토리도 좋고 매우 재미있었어요.

Lesson 10

01

다나카 씨는 어떤 사람을 좋아합니까?

저 말입니까?

저는 역시 성실하고 멋있는 사람을 좋아합니다.

김 씨는요?

저는 건강하고 밝은 사람을 좋아해요.

02

이 씨는 어떤 음식을 좋아합니까?

낫토를 좋아합니다.

앗, 낫토를 좋아합니까?

네, 전에는 좋아하지 않았습니다만, 지금은 매우 좋아합니다.

Lesson 11

01

이번 토요일에 무엇을 할 겁니까?

교토에 갈 겁니다.

엣, 교토 좋네요. 누구하고 갑니까?

친구하고 갑니다.

02

다나카 씨. 안녕하세요?

안녕하세요? 기무라 씨는 여기에 자주 옵니까?

네. 집에서 가까워서 매일 옵니다. 다나카 씨는요?

저는 일주일에 한 번 정도 옵니다.

01

스즈키 씨, 점심은 먹었습니까?

아니요, 아직입니다.

그럼, 같이 먹지 않겠습니까?

네, 그럽시다.

02

뭘 먹을까요?

메밀국수는 어떻습니까?

네, 좋네요.

03

덥네요. 차가운 맥주라도 마시지 않겠습니까?

네, 마십시다.

▶ 숫자읽기

	一(1)	十(10)		百(100)		千(1,000)		万(10,000)	
1	いち		じゅう		ひゃく		せん	いち	まん
2	に	に	じゅう	に	ひゃく	に	せん	に	まん
3	さん	さん	じゅう	さん	びゃく	さん	ぜん	さん	まん
4	し・よん	よん	じゅう	よん	ひゃく	よん	せん	よん	まん
5	ご	ご	じゅう	ご	ひゃく	ご	せん	ご	まん
6	ろく	ろく	じゅう	ろっ	ぴゃく	ろく	せん	ろく	まん
7	しち・なな	なな	じゅう	なな	ひゃく	なな	せん	なな	まん
8	はち	はち	じゅう	はっ	ぴゃく	はっ	せん	はち	まん
9	きゅう・く	きゅう	じゅう	きゅう	ひゃく	きゅう	せん	きゅう	まん

▶ 물건, 사람 세는 표현

一つ	ひとつ	한 개	一人	ひとり	한 명
二つ	ふたつ	두 개	二人	ふたり	두 명
三つ	みっつ	세 개	三人	さんにん	세 명
四つ	よっつ	네 개	四人	よにん	네 명
五つ	いつつ	다섯 개	五人	ごにん	다섯 명
六つ	むっつ	여섯 개	六人	ろくにん	여섯 명
七つ	ななつ	일곱 개	七人	しちにん/ななにん	일곱 명
八つ	やっつ	여덟 개	八人	はちにん	여덟 명
九つ	ここのつ	아홉 개	九人	きゅうにん	아홉 명
十	とお	열 개	十人	じゅうにん	열 명
	いくつ	몇 개	何人	なんにん	몇 명

▶ 시간읽기

시(時)

1時		いちじ	7時	しちじ
2時		にじ	8時	はちじ
3時		さんじ	9時	くじ
4時		よじ	10時	じゅうじ
5時		ごじ	11時	じゅういちじ
6時		ろくじ	12時	じゅうにじ

* 何時 몇 시

분(分)

分		ふん	分	ぷん
5分		ごふん	10分	じゅっぷん
15分		じゅうごふん	20分	にじゅっぷん
25分		にじゅうごふん	30分	さんじゅっぷん
35分		さんじゅうごふん	40分	よんじゅっぷん
45分		よんじゅうごふん	50分	ごじゅっぷん
55分		ごじゅうごふん	60分	ろくじゅっぷん

* 何分 몇 분   * 「30分」은 「半」이라고도 말한다.

▶ 날짜읽기

월(月)

1月	いちがつ	5月	ごがつ	9月	くがつ
2月	にがつ	6月	ろくがつ	10月	じゅうがつ
3月	さんがつ	7月	しちがつ	11月	じゅういちがつ
4月	しがつ	8月	はちがつ	12月	じゅうにがつ

* 何月 몇 월

183

부록

▌일(日)·요일(曜日)

月曜日 げつようび	火曜日 かようび	水曜日 すいようび	木曜日 もくようび	金曜日 きんようび	土曜日 どようび	日曜日 にちようび
1日 ついたち	2日 ふつか	3日 みっか	4日 よっか	5日 いつか	6日 むいか	7日 なのか
8日 ようか	9日 ここのか	10日 とおか	11日 じゅういち にち	12日 じゅうににち	13日 じゅうさん にち	14日 じゅうよっか
15日 じゅうごにち	16日 じゅうろく にち	17日 じゅうしち にち	18日 じゅうはち にち	19日 じゅうくにち	20日 はつか	21日 にじゅういち にち
22日 にじゅうに にち	23日 にじゅうさん にち	24日 にじゅう よっか	25日 にじゅうご にち	26日 にじゅうろく にち	27日 にじゅうしち にち	28日 にじゅうはち にち
29日 にじゅうく にち	30日 さんじゅう にち	31日 さんじゅう いちにち				何日 なんにち

* 何日 머칠   * 何曜日 무슨 요일

지시어 (こ・そ・あ・ど)

	こ		そ		あ		ど	
명사 수식형	この	이	その	그	あの	저	どの	어느
사물	これ	이것	それ	그것	あれ	저것	どれ	어느 것
장소	ここ	여기	そこ	거기	あそこ	저기	どこ	어디
방향	こちら	이쪽	そちら	그쪽	あちら	저쪽	どちら	어느 쪽

부록

명사

▶ 음료

• おちゃ(お茶)	차	• コーラ	콜라
• おみず(お水)	물	• ジュース	주스
• おさけ(お酒)	술	• ビール	맥주
• コーヒー	커피		

▶ 음식

• おこのみやき(お好み焼き)	오코노미야키	• たこやき(たこ焼き)	타코야키
• おでん	오뎅	• なっとう(納豆)	낫토
• ケーキ	케이크	• パスタ	파스타
• サラダ	샐러드	• りょうり(料理)	요리
• セット	세트	• パン	빵
• カレーライス	카레라이스	• キムチ	김치
• ハンバーグていしょく(定食)	햄버그스테이크 정식	• あさごはん(朝ごはん)	아침밥
• メニュー	메뉴	• ひるごはん(昼ごはん)	점심밥
• たべもの(食べ物)	음식		
• すし	초밥	• しょくじ(食事)	식사
• そば	메밀국수	• ラーメン	라면

▶ 장소

• だいがく(大学)	대학교	• がっこう(学校)	학교
• かいしゃ(会社)	회사	• いえ(家)	집
• へや(部屋)	방	• こうえん(公園)	공원

부록

• トイレ	화장실	• ぎんこう(銀行)	은행
• おてあらい(お手洗い)	화장실	• コンビニ	편의점
• デパート	백화점	• びょういん(病院)	병원
• ほんや(本屋)	서점	• はくぶつかん(博物館)	박물관
• ホテル	호텔	• ゆうびんきょく(郵便局)	우체국
• ちゅうしゃじょう(駐車場)	주차장	• がくしょく(学食)	학생식당
• えき(駅)	역	• スーパー	슈퍼마켓
• バスてい(停)	버스정류장		

▶ 시간

• いま(今)	지금	• せんしゅう(先週)	지난주
• きのう(昨日)	어제	• らいしゅう(来週)	다음 주
• きょう(今日)	오늘	• まいにち(毎日)	매일
• あした(明日)	내일	• まいあさ(毎朝)	매일 아침
• ごぜん(午前)	오전	• まいばん(毎晩)	매일 밤
• ごご(午後)	오후	• こんばん(今晩)	오늘 밤(지녁)
• はん(半)	반		

▶ 교통수단

• じてんしゃ(自転車)	자전거	• でんしゃ(電車)	전철
• バス	버스	• くるま(車)	차, 자동차
• タクシー	택시		

▶ 의문사

• だれ	누구	• なん/なに(何)	무엇
• いくら	얼마	• いつ	언제
• いくつ	몇 개		

▶ 직업

• がくせい(学生)	학생	• かいしゃいん(会社員)	회사원
• だいがくせい(大学生)	대학생	• いしゃ(医者)	의사
• だいがくいんせい(大学院生)	대학원생	• しゃちょう(社長)	사장님
• せんせい(先生)	선생님	• パティシエ	파티시에

▶ 물건

• おしぼり	물수건	• ペン	펜
• コップ	컵	• ほん(本)	책
• しんぶん(新聞)	신문	• ノート	노트
• ざっし(雑誌)	잡지	• つくえ(机)	책상
• じしょ(辞書)	사전	• いす(椅子)	의자
• とけい(時計)	시계	• しゃしん(写真)	사진
• バッグ	백, 가방		

명사 활용

• 学生(がくせい)	학생
• 学生(がくせい)です	학생입니다
• 学生(がくせい)では ありません (=学生(がくせい)じゃ ありません)	학생이 아닙니다
• 学生(がくせい)でした	학생이었습니다
• 学生(がくせい)では ありませんでした (=学生(がくせい)じゃ ありませんでした)	학생이 아니었습니다

부록

• あかるい(明るい)	밝다	• かわいい	귀엽다
• あたらしい(新しい)	새롭다	• さむい(寒い)	춥다
• あつい(暑い)	덥다	• たかい(高い)	높다, 비싸다
• いい(= よい)	좋다	• たのしい(楽しい)	즐겁다
• いそがしい(忙しい)	바쁘다	• ちいさい(小さい)	작다
• おいしい	맛있다	• つめたい(冷たい)	차갑다
• おおきい(大きい)	크다	• ねむい(眠い)	졸리다
• おもしろい	재미있다	• むずかしい(難しい)	어렵다
• かっこいい	멋있다	• やさしい(優しい)	다정하다, 상냥하다
• かなしい(悲しい)	슬프다	• やすい(安い)	싸다

い 형용사 활용

• おいしい	맛있다
• おいしい ケーキ	맛있는 케이크
• おいしいです	맛있습니다
• おいしく ありません (= おいしく ないです)	맛있지 않습니다
• おいしかったです	맛있었습니다
• おいしく ありませんでした (= おいしく なかったです)	맛있지 않았습니다

※ いい 활용

• いい	좋다
• いい ひと	좋은 사람
• いいです	좋습니다
• よく ありません (= よく ないです)	좋지 않습니다
• よかったです	좋았습니다
• よく ありませんでした (= よく なかったです)	좋지 않았습니다

な 형용사

• かんたんだ(簡単だ)	간단하다	• だいすきだ(大好きだ)	매우 좋아하다
• きれいだ	예쁘다, 깨끗하다	• にぎやかだ	번화하다
• げんきだ(元気だ)	건강하다	• ひまだ(暇だ)	한가하다
• しずかだ(静かだ)	조용하다	• べんりだ(便利だ)	편리하다
• しんせつだ(親切だ)	친절하다	• まじめだ	성실하다
• じょうずだ(上手だ)	잘하다	• ゆうめいだ(有名だ)	유명하다
• すきだ(好きだ)	좋아하다		

な 형용사 활용

• すきだ	좋아하다
• すきな ひと	좋아하는 사람
• すきです	좋아합니다
• すきでは ありません (= すきじゃ ありません)	좋아하지 않습니다
• すきでした	좋아했습니다
• すきでは ありませんでした (= すきじゃ ありませんでした)	좋아하지 않았습니다

부록

동사

• あう(会う)	만나다	• たべる(食べる)	먹다
• あそぶ(遊ぶ)	놀다	• つかれる(疲れる)	피곤하다
• いく(行く)	가다	• とる(撮る)	(사진을) 찍다
• おきる(起きる)	일어나다	• ねる(寝る)	자다
• かう(買う)	사다	• のむ(飲む)	마시다
• かえる(帰る)	돌아가다/오다	• まつ(待つ)	기다리다
• くる(来る)	오다	• みる(見る)	보다
• すう(吸う)	피우다	• やすむ(休む)	쉬다
• する	하다	• よむ(読む)	읽다

동사 활용

• いく	가다
• いきます	갑니다, 갈 겁니다, 가겠습니다
• いきません	가지 않습니다
• いきました	갔습니다
• いきませんでした	가지 않았습니다
• いきませんか	가지 않겠습니까?
• いきましょう	갑시다
• いきましょうか	갈까요?

부사

• あまり	그다지, 별로 (뒤에 부정)	• やっぱり	역시
• いちばん(一番)	가장, 제일	• ときどき(時々)	때때로, 가끔
• すこし(少し)	조금	• よく	자주, 잘
• ちょっと	잠시, 잠깐, 조금	• ぜんぜん(全然)	전혀
• とても	매우, 대단히		

조사

・〜は	〜은/는	こちらは 田中さんです。
・〜の	① 〜의 ② 〜의 것 ③ 해석 없음	私の 友だちです。 これは だれの ですか。 日本語の テストは いつですか。
・〜も	〜도	木村さんも 友だちですか。
・〜を	〜을/를	すみません。会計を お願いします。
・〜が	〜이/가	先生、質問が あります。
・〜と	〜와/과, 〜하고	ハンバーグ定食と コーヒーを ください。
・〜に	① (장소)に : 〜에 ② (시간)に : 〜에	トイレは どこに ありますか。 6時に 起きます。
・〜へ	〜에, 〜(으)로	こちらへ どうぞ。
・〜で	① (장소)で : 〜에서 ② (수단)で : 〜(으)로	デパートで 買いました。 電車で 来ました。

종조사

・〜ね	① 〜지요 (확인 ↗) ② 〜네요/군요 (동의 ↘)	Aセットが 一つ、Bセットが 一つですね。↗ 画面が 大きくて、いいですね。↘
・〜よ	〜요 (설명, 강조)	駅の 中に ありますよ。

색인 (Index)

195

일본어
펜맨십

동양북스

あ	〜	十	あ	あ	あ	あ	あ
아[a]							

い	し	し	い	い	い	い	い
이[i]							

う	丶	う	う	う	う	う	う
우[u]							

え	丶	え	え	え	え	え	え
에[e]							

お	〜	お	お	お	お	お
오[o]						

か	つ	カ	か	か	か	か	か
카[ka]							

き	ー	ニ	キ	き	き	き	き
키[ki]							

く	く	く	く	く	く	く	く
쿠[ku]							

け	し	し	け	け	け	け	け
케[ke]							

こ	こ	こ	こ	こ	こ	こ	こ
코[ko]							

さ 사[sa]	ー	ナ	さ	さ	さ	さ	さ

し 시[shi]	し	し	し	し	し	し	し

す 스[su]	ー	す	す	す	す	す	す

せ 세[se]	ー	ナ	せ	せ	せ	せ	せ

そ 소[so]	そ	そ	そ	そ	そ	そ	そ

た	ー	ナ	た	た	た	た	た
타[ta]							

ち	ー	ち	ち	ち	ち	ち	ち
치[chi]							

つ	つ	つ	つ	つ	つ	つ	つ
츠[tsu]							

て	て	て	て	て	て	て	て
테[te]							

と	ヽ	と	と	と	と	と	と
토[to]							

な	ー	ナ	た	な	な	な	な
나[na]							

に	い	に	に	に	に	に	に
니[ni]							

ぬ	丶	ぬ	ぬ	ぬ	ぬ	ぬ	ぬ
누[nu]							

ね	l	ね	ね	ね	ね	ね	ね
네[ne]							

の	の	の	の	の	の	の	の
노[no]							

は	い	い゛	は	は	は	は	は
하[ha]							

ひ	ひ	ひ	ひ	ひ	ひ	ひ	ひ
히[hi]							

ふ	`	う	ふ	ふ	ふ	ふ	ふ
후[fu]							

へ	へ	へ	へ	へ	へ	へ	へ
헤[he]							

ほ	い	い゛	に	ほ	ほ	ほ	ほ
호[ho]							

ま	一	二	ま	ま	ま	ま	ま
마[ma]							

み	み	み	み	み	み	み	み
미[mi]							

む	一	む	む	む	む	む	む
무[mu]							

め	\	め	め	め	め	め	め
메[me]							

も	も	も	も	も	も	も	も
모[mo]							

や	つ	う	や	や	や	や	や
야[ya]							

ゆ	ひ	ゆ	ゆ	ゆ	ゆ	ゆ	ゆ
유[yu]							

よ	`	よ	よ	よ	よ	よ	よ
요[yo]							

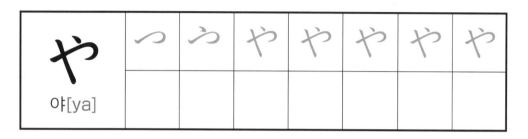

쓰기 어려운 글자 연습

え
에

な
나

お
오

ぬ
누

そ
소

み
미

9

		ち	ら	ら	ら	ら	ら	ら
ら								
라[ra]								

		l	り	り	り	り	り	り
り								
리[ri]								

		る	る	る	る	る	る	る
る								
루[ru]								

		l	れ	れ	れ	れ	れ	れ
れ								
레[re]								

		ろ	ろ	ろ	ろ	ろ	ろ	ろ
ろ								
로[ro]								

わ	l	わ	わ	わ	わ	わ	わ
와[wa]							

を	一	ナ	を	を	を	を	を
오[o]							

ん	ん	ん	ん	ん	ん	ん	ん
응[N]							

쓰기 어려운 글자 연습

め	ひ	る
메	히	루
れ	わ	を
레	와	오

ア	⁊	ア	ア	ア	ア	ア	ア
아[a]							

イ	ノ	イ	イ	イ	イ	イ	イ
이[i]							

ウ	`	`ヽ	ウ	ウ	ウ	ウ	ウ
우[u]							

エ	ー	丁	エ	エ	エ	エ	エ
에[e]							

オ	ー	才	オ	オ	オ	オ	オ
오[o]							

カ	フ	カ	カ	カ	カ	カ	カ
카[ka]							

キ	一	ニ	キ	キ	キ	キ	キ
키[ki]							

ク	ノ	ク	ク	ク	ク	ク	ク
쿠[ku]							

ケ	ノ	ヶ	ケ	ケ	ケ	ケ	ケ
케[ke]							

コ	ㄱ	コ	コ	コ	コ	コ	コ
코[ko]							

サ	一	十	サ	サ	サ	サ	サ
사[sa]							

シ	`	` `	シ	シ	シ	シ	シ
시[shi]							

ス	フ	ス	ス	ス	ス	ス	ス
스[su]							

セ	一	セ	セ	セ	セ	セ	セ
세[se]							

ソ	`	ソ	ソ	ソ	ソ	ソ	ソ
소[so]							

タ	ノ	ク	タ	タ	タ	タ	タ
타[ta]							

チ	ー	二	チ	チ	チ	チ	チ
치[chi]							

ツ	`	``	ツ	ツ	ツ	ツ	ツ
츠[tsu]							

テ	ー	二	テ	テ	テ	テ	テ
테[te]							

ト	l	ト	ト	ト	ト	ト	ト
토[to]							

ナ	一	ナ	ナ	ナ	ナ	ナ	ナ
나[na]							

ニ	一	二	二	二	二	二	二
니[ni]							

ヌ	フ	ヌ	ヌ	ヌ	ヌ	ヌ	ヌ
누[nu]							

ネ	`	ラ	ネ	ネ	ネ	ネ	ネ
네[ne]							

ノ	ノ	ノ	ノ	ノ	ノ	ノ	ノ
노[no]							

ハ	ノ	ハ	ハ	ハ	ハ	ハ	ハ
하[ha]							

ヒ	ノ	ヒ	ヒ	ヒ	ヒ	ヒ	ヒ
히[hi]							

フ	フ	フ	フ	フ	フ	フ	フ
후[fu]							

ヘ	ヘ	ヘ	ヘ	ヘ	ヘ	ヘ	ヘ
헤[he]							

ホ	一	ナ	オ	ホ	ホ	ホ	ホ
호[ho]							

マ 마[ma]	フ	マ	マ	マ	マ	マ	マ

ミ 미[mi]	`	ニ	ミ	ミ	ミ	ミ	ミ

ム 무[mu]	∠	∠	ム	ム	ム	ム	ム

メ 메[me]	ノ	メ	メ	メ	メ	メ	メ

モ 모[mo]	ー	ニ	モ	モ	モ	モ	モ

ヤ	‛	㇉	ヤ	ヤ	ヤ	ヤ	ヤ
야[ya]							

ユ	ㄱ	ユ	ユ	ユ	ユ	ユ	ユ
유[yu]							

ヨ	ㄱ	ㅋ	ヨ	ヨ	ヨ	ヨ	ヨ
요[yo]							

헷갈리는 글자 똑바로 쓰기

シ	ツ		コ	ユ
시	츠		코	유
オ	ネ		ホ	モ
오	네		호	모

ラ	ˉ	ˉラ	ラ	ラ	ラ	ラ	ラ
라[ra]							

リ	ˈ	リ	リ	リ	リ	リ	リ
리[ri]							

ル	丿	ル	ル	ル	ル	ル	ル
루[ru]							

レ	レ	レ	レ	レ	レ	レ	レ
레[re]							

ロ	ˈ	冂	ロ	ロ	ロ	ロ	ロ
로[ro]							

ワ	ヽ	ワ	ワ	ワ	ワ	ワ	ワ
와[wa]							

ヲ	一	二	ヲ	ヲ	ヲ	ヲ	ヲ
오[o]							

ン	ヽ	ン	ン	ン	ン	ン	ン
응[N]							

헷갈리는 글자 똑바로 쓰기

ソ	ン		ラ	ヲ
소	응		라	오

が	つ	カ	か	が	が	が	が
가[ga]							

ぎ	～	⁼	き	き	ぎ	ぎ	ぎ
기[gi]							

ぐ	く	ぐ	ぐ	ぐ	ぐ	ぐ	ぐ
구[gu]							

げ	し	し-	け	げ	げ	げ	げ
게[ge]							

ご	⁻	こ	ご	ご	ご	ご	ご
고[go]							

22

ば	い	に	は	ば	ば	ば
바[ba]						

び	ひ	ひ	び	び	び	び	び
비[bi]							

ぶ	`	ぶ	ふ	ぶ	ぶ	ぶ	ぶ
부[bu]							

べ	へ	べ	べ	べ	べ	べ	べ
베[be]							

ぼ	い	に	に	ほ	ほ	ぼ	ぼ
보[bo]							

ガ 가[ga]	フ	カ	ガ	ガ	ガ	ガ	ガ

ギ 기[gi]	一	二	キ	キ	ギ	ギ	ギ

グ 구[gu]	ノ	ク	グ	グ	グ	グ	グ

ゲ 게[ge]	ノ	ト	ケ	ゲ	ゲ	ゲ	ゲ

ゴ 고[go]	フ	コ	ゴ	ゴ	ゴ	ゴ	ゴ

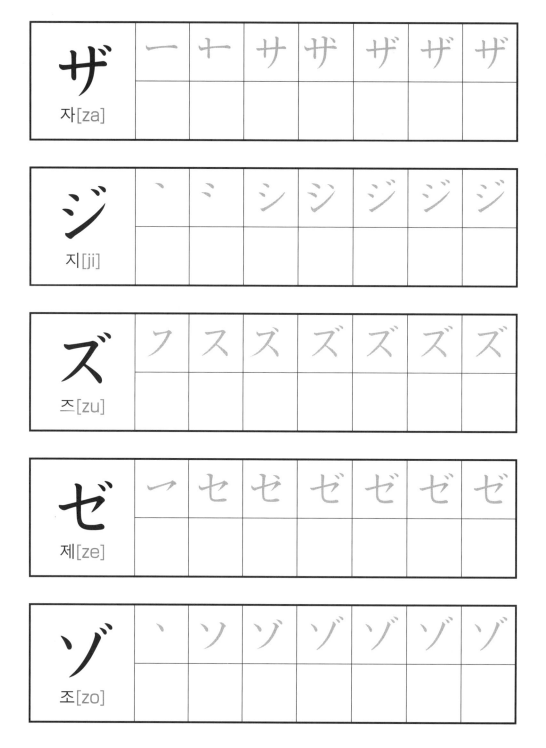

ザ	一	十	サ	ザ	ザ	ザ	ザ
자[za]							

ジ	`	゛	シ	シ	ジ	ジ	ジ
지[ji]							

ズ	フ	ス	ズ	ズ	ズ	ズ	ズ
즈[zu]							

ゼ	㇆	セ	セ	ゼ	ゼ	ゼ	ゼ
제[ze]							

ゾ	`	ソ	ゾ	ゾ	ゾ	ゾ	ゾ
조[zo]							

ダ	ノ	ク	タ	ダ	ダ	ダ	ダ
다[da]							

ヂ	ー	二	チ	ヂ	ヂ	ヂ	ヂ
지[ji]							

ヅ	`	``	ツ	ヅ	ヅ	ヅ	ヅ
즈[zu]							

デ	ー	二	テ	テ	デ	デ	デ
데[de]							

ド	丨	ト	ト	ド	ド	ド	ド
도[do]							

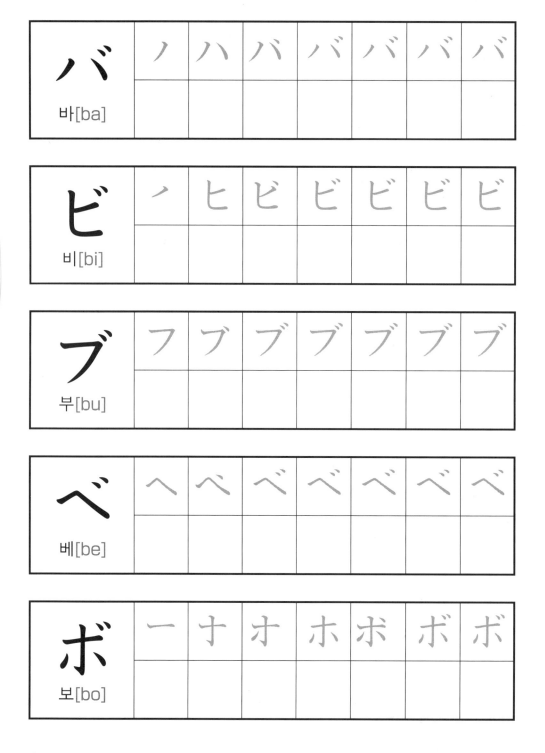

バ 바[ba]	ノ	ハ	バ	バ	バ	バ	バ
ビ 비[bi]	ヽ	ヒ	ビ	ビ	ビ	ビ	ビ
ブ 부[bu]	フ	ブ	ブ	ブ	ブ	ブ	ブ
ベ 베[be]	ヘ	ベ	ベ	ベ	ベ	ベ	ベ
ボ 보[bo]	一	ナ	オ	ホ	ホ	ボ	ボ

ぱ							
파[pa]	ﾉ	に	は	ぱ	ぱ	ぱ	ぱ

ぴ							
피[pi]	ひ	ぴ	ぴ	ぴ	ぴ	ぴ	ぴ

ぷ							
푸[pu]	ﾞ	ふ	ふ	ふ	ぷ	ぷ	ぷ

ぺ							
페[pe]	へ	ぺ	ぺ	ぺ	ぺ	ぺ	ぺ

ぽ							
포[po]	ﾉ	に	に	ほ	ぽ	ぽ	ぽ

| パ 파[pa] | ノ | ハ | パ | パ | パ | パ | パ |
| | | | | | | | |

| ピ 피[pi] | ン | ヒ | ピ | ピ | ピ | ピ | ピ |
| | | | | | | | |

| プ 푸[pu] | フ | プ | プ | プ | プ | プ | プ |
| | | | | | | | |

| ペ 페[pe] | ヘ | ペ | ペ | ペ | ペ | ペ | ペ |
| | | | | | | | |

| ポ 포[po] | 一 | オ | オ | ホ | ポ | ポ | ポ |
| | | | | | | | |

히라가나 요음

きゃ	きゃ	きゅ	きゅ	きょ	きょ
캬[kya]		큐[kyu]		쿄[kyo]	

ぎゃ	ぎゃ	ぎゅ	ぎゅ	ぎょ	ぎょ
갸[gya]		규[gyu]		교[gyo]	

しゃ	しゃ	しゅ	しゅ	しょ	しょ
샤[sha]		슈[shu]		쇼[sho]	

じゃ	じゃ	じゅ	じゅ	じょ	じょ
쟈[ja]		쥬[ju]		죠[jo]	

ちゃ	ちゃ	ちゅ	ちゅ	ちょ	ちょ
챠[cha]		츄[chu]		쵸[cho]	

にゃ	にゃ	にゅ	にゅ	にょ	にょ
냐[nya]		뉴[nyu]		뇨[nyo]	

히라가나 요음

ひゃ	ひゃ	ひゅ	ひゅ	ひょ	ひょ
햐[hya]		휴[hyu]		효[hyo]	

びゃ	びゃ	びゅ	びゅ	びょ	びょ
뱌[bya]		뷰[byu]		뵤[byo]	

ぴゃ	ぴゃ	ぴゅ	ぴゅ	ぴょ	ぴょ
퍄[pya]		퓨[pyu]		표[pyo]	

みゃ	みゃ	みゅ	みゅ	みょ	みょ
먀[mya]		뮤[myu]		묘[myo]	

りゃ	りゃ	りゅ	りゅ	りょ	りょ
랴[rya]		류[ryu]		료[ryo]	

가타카나
요음

キャ	キャ	キュ	キュ	キョ	キョ
캬[kya]		큐[kyu]		쿄[kyo]	

ギャ	ギャ	ギュ	ギュ	ギョ	ギョ
갸[gya]		규[gyu]		교[gyo]	

シャ	シャ	シュ	シュ	ショ	ショ
샤[sha]		슈[shu]		쇼[sho]	

ジャ	ジャ	ジュ	ジュ	ジョ	ジョ
쟈[ja]		쥬[ju]		죠[jo]	

チャ	チャ	チュ	チュ	チョ	チョ
챠[cha]		츄[chu]		쵸[cho]	

ニャ	ニャ	ニュ	ニュ	ニョ	ニョ
냐[nya]		뉴[nyu]		뇨[nyo]	

ヒャ	ヒャ	ヒュ	ヒュ	ヒョ	ヒョ
햐[hya]		휴[hyu]		효[hyo]	

ビャ	ビャ	ビュ	ビュ	ビョ	ビョ
뱌[bya]		뷰[byu]		뵤[byo]	

ピャ	ピャ	ピュ	ピュ	ピョ	ピョ
퍄[pya]		퓨[pyu]		표[pyo]	

ミャ	ミャ	ミュ	ミュ	ミョ	ミョ
먀[mya]		뮤[myu]		묘[myo]	

リャ	リャ	リュ	リュ	リョ	リョ
랴[rya]		류[ryu]		료[ryo]	

📖 동양북스

www.dongyangbooks.com

www.dongyangtv.com

일본어
펜맨십

동양북스

www.dongyangbooks.com
www.dongyangtv.com

이름

외국어 출판 45년의 신뢰
외국어 전문 출판 그룹
동양북스가 만드는 책은 다릅니다.

45년의 쉼 없는 노력과 도전으로 책 만들기에 최선을 다해온
동양북스는 오늘도 미래의 가치에 투자하고 있습니다.
대한민국의 내일을 생각하는 도전 정신과 믿음으로 최선을 다하겠습니다.

 동양북스

동양북스 채널에서 더 많은 도서
더 많은 이야기를 만나보세요!

▶ 유튜브

인스타그램

블로그

포스트

페이스북

카카오뷰

MEMO